BAIRD SPALDING:

Leben und Lehren der Meister im Fernen Osten / Band 5

BAIRD SPALDING

LEBEN UND LEHREN
DER MEISTER IM FERNEN OSTEN

Band 5

Menschen, die mit den
Meistern gingen

DREI EICHEN VERLAG
MÜNCHEN + ENGELBERG / SCHWEIZ

Autorisierte Übersetzung aus dem Englischen
von Dr. M. Usteri, Locarno.

CIP-Kurztitelaufnahme der Deutschen Bibliothek

Spalding, Baird: Leben und Lehren der Meister
im Fernen Osten /
Baird Spalding [Autoris. Übers. aus d. Engl. von M. Usteri].
4. Aufl., 12.—15. Tausend — München; Engelberg/Schweiz:
Drei Eichen Verlag
Einheitssacht.: Life and teaching of the masters of the far East ‹dt.›
Bd. 4 u. d. T.: Spalding, Baird: Lehren der Meister
im Fernen Osten
NE: Spalding, Baird: Lehren der Meister im Fernen Osten

Bd. 5. Menschen die mit dem Meister gingen.
4. Aufl., 12.—15. Tsd — 1985.
ISBN 3-7699-0447-8

ISBN 3-7699-0447-8

Verlagsnummer 447

4. Auflage des Bandes V

Gesamtherstellung: Isar-Post, Landshut

Inhaltsfolge:

Vorwort

Die folgenden Kapitel sind aus Vorträgen entnommen, die Mr. Spalding während der letzten beiden Jahre seines Lebens in Süd-Californien gehalten hat.

WIDMUNG

Dieser Band ist in Liebe gewidmet den Hohen Wesen, unseren älteren Brüdern, welche, angelangt auf höheren Stufen, dennoch geduldig ihre Hilfe der Menschheit auf der Erde leihen, allezeit den Weg weisend zur Wahrheit, Freiheit und zu den höheren Gebieten des Bewußtseins und Verstehens.

Dr. M. A. Usteri

Anmerkung des Verlegers

Baird T. Spalding spielte bei dem in die westliche Welt eingeführten Wissen, wonach es viele Meister oder ältere Brüder gibt, die zu den Geschicken der Menschheit auf der Erde helfend und lenkend beitragen, eine bedeutende Rolle.

Die im Laufe der letzten dreißig Jahre von zahlreichen Rednern und Wahrheitslehrern benützten und verkauften Bücher LEBEN UND LEHREN DER MEISTER IM FERNEN OSTEN dienten dem Zwecke, das darin enthaltene Wissen in allen Ländern der Erde bekanntzumachen.

Von den Älteren Brüdern wurden die Vermittler der Mitteilungen dazu auserwählt, die Menschheit zur aufmerksamen Beachtung der großen Lebensgesetze zu erziehen, so, wie Jesus sagte: „Die Dinge, die ich tue, sollt auch ihr tun und größere Dinge sollt ihr tun."

Hermann Kissener

BAIRD T. SPALDING

Biographische Skizze

Wo immer ein allgemeines Interesse an einer Persönlichkeit oder deren Leistungen aufflackert, wie es sich bei den Lesern von LEBEN UND LEHREN DER MEISTER zeigte, kann man sicher sein, daß dies vom Lichte geistiger Wahrheit begleitet ist. Wenige haben in der heutigen Zeit ein solches Interesse wachgerufen, wie im Laufe des zwanzigsten Jahrhunderts Baird T. Spalding. Die Eigenart des Mannes, die Art und Weise, wie die Botschaft übermittelt wurde und die Botschaft selbst — alles legt lebendiges Zeugnis für die Wahrheit seiner Worte, die Ehrenhaftigkeit und Aufrichtigkeit des Mannes ab.

Die zahllosen Briefe aus der ganzen Welt, die seit Jahren einliefen, legen Zeugnis ab für die gewaltige Hilfe der Gedanken, die man in seinen Büchern findet. Solche Briefe kommen immer noch, Jahr für Jahr, lange nachdem er höhere Ebenen der Erkenntnis aufgesucht hat.

Baird Spalding durchdrang den Schleier am 18. März 1953 in Tempe, Arizona, im Alter von 95 Jahren. Er war aktiv bei seinen Minen-Interessen bis zum Ende.

Douglas K. DeVorrs kannte nach vielen Jahren der Zusammenarbeit Mr. Spalding so gut wie kaum jemand. Aus seiner Rede, gehalten bei der Gedächtnisfeier in Tempe, Arizona, am 22. März 1953 zitieren wir:

„Mr. Spalding war jedem, dem er gegenüberstand, ein sehr stiller, bescheidener Diener. Wenn ich ihn seinen Zuhörern vorstellte, wollte er niemals und unter keinen Umständen auf seine Persönlichkeit oder auf sich selbst, als ein Mann mit großen Errungenschaften hingewiesen werden. Seit 1935 hatte ich die einzigartige Gelegenheit, mit ihm mehr als 200 nordamerikanische Städte zu bereisen. Und obwohl ich täglich in engstem Zusammenleben 24 volle Stunden an seiner Seite verbrachte — dies durch all die Jahre hindurch — muß ich offen gestanden sagen —, ich glaube nicht, daß eine Person oder eine Gruppe von Personen diese große Seele in ihren vielen Eigenarten und Betätigungen wirklich verstanden hat. Indem ich diese wenigen persönlichen Bemerkungen mache, möge der Leser verstehen, daß dies in sehr demütigem Sinn geschieht, denn er war nicht nur unser Freund, sondern für viele von uns wie ein Vater.

Nach meiner Auffassung gibt es auf dieser Welt keine Stadt, gleich welcher Größe, wo Mr. Spalding nicht hätte irgendwo eintreten und sich an den Tisch setzen können. Er war eben überall willkommen. Und während der letzten 25 Jahre seines Lebens lebte er, wie man sagt, tatsächlich wie ein Zugvogel. Es schien, als habe er den Punkt erreicht, wo materielle Dinge nicht mehr von großer Wichtigkeit sind. Obwohl sein Einkommen während langer Zeit mir und uns allen unbekannt war, ging er nicht als reicher Mann von uns. Er hatte wenig eigenen Besitz. Das große Erbe, das er uns hinterließ, ist in den eigenartigen Entdeckungen um die Lehre Jesu zu finden. Mr. Spalding schrieb nicht und hielt keine Vorträge um eines finanziellen Profits oder irgendwelcher Vorteile wegen. Für alle eingegangenen Beträge war er nur offener Durchgang — er verteilte sie sogleich.

Wir wissen nicht, an wie vielen philanthropischen Unternehmen er beteiligt war, weil niemand, der materielle Hilfe nötig hatte, alles bekam, was er gerade besaß; infolgedessen war er immer ein vermögender Mann. In der Tat, irgendwie war niemand so reich wie Mr. Spalding, und mancher von uns beneidete ihn seines schon früh in seinem Leben gezeigten außerordentlichen Verständnisses und Erfolges wegen.

Es sind ungefähr 65 Jahre her, seitdem er erstmalig einige seiner Entdeckungen über Jesus und das Leben der Großen Meister machte. Er ging und er redete mit großen Meistern in

der sichtbaren Welt, ebenso, wie der Wissenschaftler Mr. Steinmetz, den er sehr bewunderte. Ich habe Mr. Spalding und
Mr. Steinmetz zusammen auf Bildern gesehen. Sowohl Steinmetz als auch Edison sagten voraus, daß die Zeit kommen
werde, da es uns möglich sei, Aufnahmen von der Bergpredigt
und von der Stimme Jesu zu machen, aus der Zeit, als ER die
Bergpredigt hielt. Viele andere erstaunliche Entdeckungen und
Eröffnungen wurden von Spalding während seines langen Lebens im Dienst und Wirken in allen Teilen der Welt gemacht,
und ich will gerne auf sie hinweisen. Zum Beispiel will ich zu-
rückkommen auf die Art und Weise, wie seine Bücher zum
Druck gelangten. Leute, die Spalding in den frühen neunziger
Jahren aus Calcutta/Indien kannten, sagten mir, daß er beab-
sichtigte, von Hand einige Erlebnisse niederzuschreiben, die er
in Indien gehabt hatte. Einige Freunde baten ihn, sie mit der
Schreibmaschine niederzuschreiben, um Kopien zu bekommen.
Während langer Jahre trug er diese Schreibmaschinenblätter
mit sich herum (die später als erster Band herauskamen). Die
Leute lasen sie und gaben sie unter sich weiter, bis schließlich
eine sehr bedeutende Frau in Oakland/California, deren Gatte
die Oakland Municipal Railways gebaut hatte, Mr. Spalding
fragte, ob er etwas dagegen habe, wenn sie ihren Drucker, die
California Press in San Francisco, beauftrage, tausend Kopien
des Werkes in anspruchslosen Papierbänden herzustellen; sie
wollte jedem ihrer Freunde einen Band schenken. Mr. Spalding
gab seine Zusage, und bald darauf verreiste er nach England.

Die Bücher wurden gedruckt und als Geschenk unter ihren
Freunden verteilt. Im Laufe von sechzig Tagen kam eine phä-
nomenale Nachfrage nach mehr als 20 000 Exemplaren des
Buches! Als Mr. Spalding aus England zurückkehrte, war er
natürlich erstaunt über das Interesse an seinen Entdeckungen
und Erlebnissen, und er erlaubte ihr auch den Rest seiner
Schriften zu veröffentlichen, der dann als zweiter Band erschien.

Dann kam eine Periode von ungefähr zehn Jahren, während
der Spalding nichts schrieb. Aber beinahe jeden Abend war er

irgendwo zu Gast oder er besuchte Freunde, und nach dem Essen gab es kleine Frage- und Antwortstunden, wobei er eine große Zahl von Leuten kennenlernte. Nachdem er sein Tagewerk als Forschungsingenieur getan hatte, pflegte er die zahlreichen Fragen zu beantworten, die in den kleinen Kreisen aufgeworfen wurden — und diese wörtliche Veröffentlichung wurde rasch bekannt. Das Werk kam zu einem Stillstand während der Zeit, da Cecil de Mille das Filmwerk „King of Kings" (König der Könige) machte. Für das gesamte biblische Bild dieses Werkes wurde Mr. Spalding von Mr. de Mille als technischer Berater berufen.

Meine Bekanntschaft mit Mr. Spalding begann vor ungefähr fünfundzwanzig Jahren. Ich war an seinen Büchern und deren Verbreitung über die ganze Welt außerordentlich interessiert. Es gab zu jener Zeit einen großen Aufschwung im „New-Thought" (Neu-Gedanken) und im geistigen Lesen und Studieren. Sehr viele Leute wünschten, daß Spalding ein weiteres Buch herausgebe. Schließlich lud ihn einer seiner Freunde in ein Landhaus ein, wo er ohne Unterbrechung schreiben konnte. Dort schrieb Spalding von Hand, was uns heute als dritter Band bekannt ist. Das Buch wurde sogleich herausgegeben.

Es kam ein Gerücht auf, Mr. Spalding sei gestorben, und ich schlug ihm vor, daß er nicht nach Indien fahren und vor dem 4. Oktober keine Weltreise unternehmen solle, könnten wir doch nach New York fahren, unterwegs in einigen größeren Städten bleiben und viele der Leute sehen, die seine Bücher gelesen hatten und die falschen Gerüchte zerstreuen, die im Umlauf waren.

Mr. Spalding gab zu, das sei eine gute Idee, wenn sie in ungefähr 30 Tagen ausgeführt werden könne. So wählten wir in der zweiten Augusthälfte 30 der größeren Städte und beschlossen, diese Tour in 30 Tagen auszuführen. Ich habe guten Grund dies zu erzählen, denn wie viele von ihnen wissen, besaß Mr. Spalding bis vor wenigen Tagen eine unbegrenzte körperliche Energie. Er konnte manchmal während zwei oder drei Wochen mit nur drei bis vier Stunden Schlaf in der Nacht auskommen.

Er verlangte nie etwas für sich selbst. Er trat nie als großer Heilkundiger oder Arzt, Seher oder Psychiater oder etwas Derartiges auf. Ich kann bezeugen, daß er alle seine Schriften genauso verfaßte wie wir, wenn wir uns niedersetzen, um jemand einen Brief zu schreiben. Das Material kam ihm nie durch automatisches Schreiben, durch Hellsehen oder Hellhören zu. Es war nicht nötig, denn er kannte die Leute, von denen er schrieb, ebensogut, wie er jene großen Wissenschaftler und Religionslehrer kannte, einen Dr. Steinmetz, einen Dr. Norwood. Dieser letztere, einer von Mr. Spaldings nächsten Freunden, war der berühmte Geistliche in New York.

Ich denke, daß diese Tatsachen für Sie von Interesse sind, obschon ich glaube, daß er mit einigen Dingen, die uns heute nachmittag beschäftigen, nicht einverstanden wäre, weil er eingesehen hatte, daß die physische Form mit dem eigentlichen Leben des Individuums sehr wenig zu tun hat. Wie Sie sich erinnern, sagte er: „Der Christus ist in jedem von Euch". Und das war das Wichtigste, was er jeden einsehen lehren wollte. Manchmal, wenn man ihn fragte: „Wie viele Meister gibt es in den Vereinigten Staaten?" mochte er sagen: „Es muß wenigstens 150 Millionen Meister in diesem Land geben". Das war die Vision, die er hatte, daß jeder einzelne seiner Einheit mit Gott und dem Christus gewahr werde und nicht nur Glaubenssätze und Sekten anerkenne.

Jeder Bekannte oder Anhänger Spaldings, als einzelner, der hier an meiner Stelle stünde, würde diese Geschichte ein wenig anders erzählen. Keine zwei Erzählungen kämen dem gleich, was Mr. Spalding für sie als Individuum, als Bruder bedeuten kann. Aber in allen seinen Schriften und seinen Gesprächen oder in seinen Antworten auf Fragen, stellte er nie eine zeitliche Begrenzung her. Ich weiß, daß er eine ganze Nacht hindurch mit einem Freund sprach, um ihm über einen geistigen oder finanziellen Stein des Anstoßes hinwegzuhelfen. Es war, wie wenn er eine große intuitive Macht besäße, die aus ihm einen so großen Gelehrten machte. Er hatte in Heidelberg studiert. Er hatte zu der einen oder anderen Zeit in vielen großen wissenschaftlichen Laboratorien gearbeitet, besonders in geographischen Instituten. Er war einer der ersten Pioniere der atomischen Wissenschaft. Sein besonderes Interesse war es den einzelnen darin zu unterstützen, sich selbst helfen zu können. Was uns heute merkwürdig erscheint und was für andere schwierig zu begreifen war, ist die Tatsache, daß ihm materieller Besitz wenig bedeutete, weil er — wie Jesus — einsah, daß das Größte, was wir tun können, solange wir uns hier auf der Erde auf physischer Ebene ausdrücken, darin liegt, das Christus-Leben zu führen und die Aufmerksamkeit von Begrenzungen wegzuwenden.

Wir wissen, daß Mr. Spalding immer mit uns ist und daß wir fortwährend Gelegenheit haben, das Leben zu leben, wie er es tat, in der Weise, die er uns zeigen wollte.

Kapitel I

Kamera vergangener Ereignisse

Von den Schatten der Himalajas, hin zu den ungeheuren Weiten der Wüste Gobi, von New York nach Zentral- und Südamerika, von San Francisco zu den Philippinen, von Alaska und Canada — kommen diese Erlebnisse, Entdeckungen und Offenbarungen unseres Forschungswerkes.

Wir haben dieses Werk während mehr als vierzig Jahren weitergeführt — zunächst durch Übersetzungen der Urkunden, die wir in der Wüste Gobi, in Tibet und Indien gefunden hatten. Dieses Werk hat sich zu einer Gesellschaft von ungefähr siebenundzwanzig Männern entwickelt, die sich für diese Arbeit interessierten und sie dann weiterführten.

Die Wissenschaftler beginnen uns ein gut Teil Vertrauen zu schenken; und in der Tat, sie glauben langsam, daß wir mit unserer „neuen Kamera" — durch deren Hilfe wir Bildaufnahmen von vergangenen Ereignissen hervorbringen — in der Lage sein werden, mindestens eine Million Jahre zurückzugehen, um die Zivilisation darzustellen, die es in jenen Zeiten gab.

Nun, das mag einigermaßen merkwürdig klingen, daß wir zurückblenden und klare Bilder von Geschehnissen aufnehmen können, die Tausende und aber Tausende von Jahren zurückliegen. Aber es ist in dieser Hinsicht sehr viel getan worden.

Wir haben, dank der Mithilfe von Dr. Steinmetz, den Vorzug, damit begonnen zu haben. Ich habe selbst mit Dr. Steinmetz gearbeitet, und in der Zeit, in der wir zusammen waren, sagte er immer wieder: „Wir werden eine Kamera bauen, mit der man in die Vergangenheit zurückblenden kann und die alle früheren Ereignisse erfassen wird, wenn wir es wünschen!" Er skizzierte. Und nicht nur das — er zeichnete sogar die Pläne für diese Kamera auf — und wir folgten ihm. Heute vermögen wir mit Sicherheit zu sagen: Wir können uns in die Vergangenheit begeben und jedes vergangene Geschehen festhalten. Natürlich war das beschwerlich, aber wir wählten verflossene Ereignisse aus, und — wie ich sagte — die Gelehrten geben heute zu und glauben, daß wir uns mit lange vergangenen Ereignissen beschäftigen, die in der zurückliegenden Weite einer Million von Jahren geschehen sind.

Unsere anfänglichen Versuche mit dieser Kamera wurden von Dr. Steinmetz durchgeführt. Ich arbeitete ungefähr neun Jahre mit Dr. Steinmetz. Während dieser Zeit blieb er fest davon überzeugt, daß wir schließlich zu noch weiter zurückliegenden Ereignissen gelangen würden und alles festhalten könnten, was je geschehen ist. Wir würden also alles zeigen können, was die Entwicklung bewirkt hat und was sich jeweils zugetragen hat.

Unser erster Versuch war George Washingtons Antrittsrede. Es war in der Stadt New York, da, wo heute die sogenannte Federal Hall steht. Auf diesem Bild kann man leicht jeden einzelnen der Würdenträger erkennen, die mit ihm auf der Plattform standen. George Washington geht vor der Gruppe auf und ab während er seine Antrittsrede hält. Zu dieser Zeit war es noch nicht einmal möglich, eine einfache Photographie der Gruppe bei dieser Rede zu machen. Es wurden zwar Zeichnungen angefertigt, aber keine wirklichen Photographien. Jetzt haben wir ein tatsächliches Bild und die Stimme George Washingtons in der entsprechenden Tonfolge. Einige Zeit hielt das jedermann für eine Fälschung. Man sagte, wir hätten diese

Filmgruppenaufnahme gestellt. Indes, man kann das heute mit jedem normalen Filmgerät zeigen.

In unseren weiteren Versuchen gingen wir zur Bergpredigt über. Wir wissen jetzt, daß der Mensch Jesus nicht anders war als wir. Wir haben seine, bis mehr als 20 000 Jahre zurückreichende Familiengeschichte und wissen, daß es eine sehr angesehene Familie war und daß Jesus selbst ein Mann von großem Einfluß und ganz ausgeprägten Charaktereigenschaften gewesen ist. Er war mehr als sechs Fuß groß, und stände er unter euch, so würdet ihr ihn auserwählen und sagen: „Das ist der Mann, der die Erfüllung verheißt", und er *wird* sie vollenden. Die Geschichtsschreibung verzeichnet diese Tatsachen — wir gehen zu den lebensnahen Ereignissen zurück und befassen uns mit seinen gesprochenen Worten.

Sein Werdegang bewegte uns, und wir verfolgten ihn weit zurück. Im Verlaufe vieler Jahre haben wir diesen Mann kennengelernt, und wir wissen, daß er nie durch den Tod ging. Jesus von Nazareth nahm für sich keine größeren Dinge in Anspruch, als die, die jedem anderen Menschen zustehen. Das wissen wir ganz sicher. Er selbst sagte uns, der Tod sei zu überwinden.

Die Bergpredigt ist uns immer als ein geistiges Meisterwerk gegenwärtig. Die Menschen verstehen sie als solches heute und sie begreifen sie mehr als je zuvor, ja, sie nehmen sie in ihr Leben auf. Wir können durch unsere Aufnahmen beweisen, daß niemand außer dem kleinen Jungen mit den fünf Broten und Fischen etwas gebracht hatte. Das ist also nicht nur ein Gleichnis. Wenn dem so wäre, dann würden wir den Jungen nicht auf dem Bilde sehen und auch nicht die Leute. Alles was Jesus sagte, war: „Setzt euch und macht euch zum Mahl bereit!" Es war für alle genug da.

Da haben wir beispielsweise das Vorkommnis, daß ein Jünger zu Jesus sprach: „Meister, es mangelt an Brot und es sind noch vier Monate bis zur Ernte." Seine Antwort: „Seht das Feld — es ist weiß, also kann die Ernte beginnen." So zeigen es die Bilder.

Mit diesen Bildern konnten wir viele gedankliche Fehler korrigieren. An den Aufnahmen der Bergpredigt haben wir acht Jahre gearbeitet, bevor wir die Identität Jesus' nachweisen konnten. Wir suchten nach einem Manne nach der Beschreibung, die uns der Maler da Vinci gegeben hat. Dabei hatten wir ein bemerkenswertes Erlebnis. Drei von uns waren im Vatikan und sprachen mit einem sehr alten Kardinal. Er fragte uns, wie es mit unseren Bildern der Bergpredigt vorangehe. Er zeigte sich an unserer Arbeit sehr interessiert und meinte, gute Informationen können wir mit seiner Empfehlung im Louvre in Paris erhalten, wenn wir uns an einen bestimmten Mann wenden würden und die Briefe des Leonardo da Vinci zu sehen verlangten. Das war für uns ein neuer Hinweis, und wir fuhren sofort nach Paris. Nach unserer Ankunft gingen wir sofort zum Louvre, wo man uns mit aller Höflichkeit begegnete. Nachweisbar sind Leonardo da Vincis Briefe heute noch alle dort. Wir waren immer davon überzeugt gewesen, daß da Vincis Gemälde von Jesus ein Abbild dessen war, wie er Ihn sah. Es ist heute bewiesen, daß er *den Christus* im Gesicht des von ihm ausgewählten Modells sah — das beweisen seine Briefe. Er meint, der junge Mann sei verlobt gewesen, und ein selten schönes Licht habe aus seinen Augen geleuchtet. Da Vinci legte es als dasjenige des Christus aus und malte auf diese Weise sein Bild. Das war während der Renaissancezeit, als langes Haar und voller Bart allgemeine Mode waren. Wir haben Jesus nie mit langem Haar und mit einem Bart gesehen, auch nicht in weiten Gewändern. Vielleicht haben ihn andere Leute so gesehen, dennoch — da Vincis Bild ist eigenhändig signiert.

Zwei Jahre später beschloß der Künstler, ein Bild von Judas dem Verräter zu malen. Während zweier Jahre suchte er ein Modell, das den Verräter darstellen könnte. Schließlich ging er eines Morgens durch das Apachenquartier in Paris, und dort, in einem Winkel, ungekämmt und in Lumpen, fand er den Mann. Er ging auf ihn zu und sagte: „Ich habe ein Bild des Christus gemalt und schaue nach einem Mann aus, der mir nun für das Porträt Judas' des Verräters Modell stehen könnte."

Der Mann sah ihn an und sagte: „Herr, ich habe dir als Modell für den Christus gestanden!"

Es war eben der gleiche Mann. Da Vinci ging sogleich weiter. In seinen Briefen beschreibt er, daß er diesen Mann nie gefunden hätte in jenem Winkel des Pariser Apachenquartiers, wenn er den Christus nicht verraten hätte. Er geht sogar weiter und sagt, daß wir den Christus schon dann verleugnen, wenn immer wir sagen: „Ich kann nicht!" Heute können wir bezeugen, daß jedes negative Wort den Christus in uns verrät. Da Vinci selbst urteilt weiter, er habe nie daran gedacht, das Gesicht Jesus des Christus malen zu wollen, sondern vielmehr den Christus „in jenem Gesicht".

Leonardo da Vinci war ein höchst bemerkenswerter Mann. Er schrieb viele wertvolle wissenschaftliche Arbeiten, die aber nie veröffentlicht wurden. Man darf sie nur lesen, wenn man sich in eine Glaszelle begibt. Während des Lesens stehen drei Männer Wache, so großen Wert stellen die Briefe dar. Er war einer jener außerordentlichen Menschen, die häufig vom „innewohnenden Christus" sprachen. Er erklärte, wie wundervoll es sei, Christus darzustellen und den Christus in jedem Angesicht zu erkennen. Als er im Vatikan malte und die Kardinäle ihn schlafend auf seinem Gerüst fanden und ihn darauf aufmerksam machten, sagte er: Wenn ich schlafe, tue ich größere Werke, als wenn ich wach bin." Schlafend sah er alles, was er malen wollte, genau vor sich, in den exakten Farben. Dann stand er auf und führte nur aus. Er sagte: „Alles was ich sehe, wird in exakter Ähnlichkeit gemalt, und der Ausdruck dessen, was ich an die Wand male, sind die Vibrationen, die ich wahrnehme. Ich bin imstande, sie zu offenbaren und darzustellen, in völliger Leichtigkeit, nachdem ich sie im Schlafe erlebt habe."

Fragen und Antworten.

Frage: Wie suchst Du Dir Erlebnisse aus der Vergangen-
          heit aus?

Antwort: Sie gehören alle zu einem gewissen Schwingungs-
          bereich. Alles, was Ihr sagt — Eure Stimme und
          Eure Worte — sind mit einem Schwingungsbereich
          verbunden; und das geht immer so weiter.

Frage: Welches ist der beste Weg, die Erleuchtung zu er-
          kennen?

Antwort: „Der Weg ist in jedem einzelnen. Sucht immer tie-
          fer in Euch selbst. *Wisset*, daß dieses große Licht
          Euch angehört. Das ist alles.

Frage: Bist Du in Indien zur Welt gekommen?

Antwort: Ja, ich bin in Indien geboren — mein Vater ist schon
          dort geboren. Ich besuchte die Vorbereitungs-
          schulen und später die Universität in Kalkutta. Dr.
          Bose und seine Gattin waren zu dieser Zeit schon
          68 Jahre dort.

Frage: Haben Jesus und seine Jünger und andere Charak-
          tere der Bibel wirklich im Fleische gelebt, wie wir
          es kennen?

Antwort: O ja, wir haben eine Anzahl von ihnen aus unse-
          rer „Kamera früherer Ereignisse" im Bilde.

Frage: Wie hat Jesus ausgesehen, als Du ihn sahst?

Antwort: Er war ein Mann von sechs Fuß zwei Größe.
          Wenn er heute Abend in dieser Gruppe wäre, wür-
          det Ihr ihn als das, was er ist, erkennen — ein
          Mann von größten Errungenschaften. Er schaute

auf alles und jeden mit der Macht, die ihn immer und jederzeit alles erreichen ließ. Er lebt heute als derselbe, der er immer gewesen ist. Wir photographierten ihn so, wie wir jemanden von Euch photographieren. Wir haben Bilder von ihm, wie er Arm in Arm mit Luther Burbank, mit Dr. Norwood und manchem anderen ging.

Frage: Sind alle großen Probleme, die die Menschen quälen, vollständig überwunden, wenn wir das Leben der Meister leben?

Antwort: Ja, Jesus war der festen Überzeugung, daß die Wahrheit uns frei mache.

Frage: Wie kann sich der Mensch von der Idee loslösen, nicht Gott zu sein?

Antwort: Indem er die Verneinung ablegt. Die Feststellung „Ich bin Gott", befreit Euch von der negativen Behauptung, nicht Gott zu sein. Es ist besser, die Wahrheit festzustellen, als die Unwahrheit.

Frage: Wenn man erkennt: „Ich bin Gott" und außerstande ist, diese Einheit anzunehmen, ist das nicht eine Art von blindem Glauben?

Antwort: Wenn man das in völlig blindem Glauben feststellt, hat man eine Trennung veranlaßt und wird dem Ziel nicht näherkommen. Es ist viel besser, zu sagen: „Ich kann" und dann gleich zum „Ich bin" überzugehen. Wenn man die Einstellung des „Ich kann nicht" annimmt, hat man eine Abtrennung von Gott herbeigeführt.

Frage: Wenn der Mensch Gott und Gott Geist ist, woher kommt dann der materielle Körper?

Antwort: Aus einem hypnotischen Einfluß im Denken des Menschen. Der materielle Körper ist im Grunde keine Tatsache. Der Mensch hat die Materie in unsere Existenz gebracht. Der sterbliche Körper ist ein hypnotischer Körper und wenn der Mensch aus dem jetzigen Zustand aufwacht, wird es ihm selbst wie ein Alptraum vorkommen. Er erwacht, um nicht mehr zu träumen.

Kapitel II

Erkenne Dich selbst!

Freunde, wir nehmen jetzt das auf, was seit mehr als sechzig Jahren in der Forschung gezeigt und bewiesen worden ist.
Wir haben heute den wissenschaftlichen Beweis dafür, daß
jede Handlung, jedes einzelne Ding in diesem ganzen Universum göttlich ist. Nenne diese Göttlichkeit, wie immer Du willst,
der größte Name dafür ist das Wort „Gott". Warum? Wir
können heute zeigen, daß dieses Wort ein Vibrationsmaß von
einhundertundachtzig Billionen Ausschlägen in der Sekunde
hat, und wir kennen Menschen, die imstande sind, den Ton-
fall dieses Wortes zu offenbaren. Das Besondere und Schöne
daran liegt in der Tatsache, daß man diese Vibration *selber
wird*, sobald man sie spürt.

Dies ist jetzt in aller Form festgestellt. Es ist nicht nur in
euch, oder in der Gestalt eines anderen, sondern festgestellt in
allem und jedem — und wir beweisen heute, daß wir ohne
diese Göttlichkeit keine Aufnahmen machen könnten. Es gäbe
keinen einzigen Zustand in diesem Raum, den wir heute photographieren können, wenn diese Göttlichkeit nicht wäre. Wir
haben dafür den absoluten Beweis. Warum also sagen: Ich bin
nicht göttlich. Laßt dieses „nicht" fallen und spürt, welch ein
Unterschied möglich ist. ICH BIN GÖTTLICH! Das ist für
jeden wahr. Unwahrheit ist, so jemand sagt: ich bin nicht gött-

lich. Wahrheit ist — ICH BIN GÖTTLICH. Vollende das Wort und wiederhole es: „GOTT, ICH BIN".

Wir stellen diese Behauptung vor allem aus dem Grunde auf, weil wir es heute *wissen*. Man hat Euch dies und jenes gesagt. Aber von dem, was uns ein anderer sagt, kann man mit gelindem Zweifel annehmen oder meinen: „Gut, vielleicht kennt dieser Mensch es nicht anders!" Heute *wissen* wir durch das Experiment der Photographie und der starken Vergrößerung. Wir können irgend jemanden auswählen und ihn vor diese Kamera stellen, mit hoher Vergrößerung, jedesmal wird sich diese Göttlichkeit zeigen. Unsere Körper entstanden aus einer einzigen Zelle. Die Vermehrungen dieser Zelle haben den Körper aufgebaut. Durch starke Vergrößerungen können wir heute zeigen, daß Licht niemals aufhört zu sein. Es geht von einer Zelle beim Aufbau auf die anderen über. Was man auch immer darüber denken oder sagen mag, es ist in dieser Vibrations-Frequenz festgesetzt und geht nie aus ihr heraus.

Es gibt heute Beweise für diese Dinge. Das Auge, eines der erhabensten Bestandteile unseres Körpers, ist ebenso aufgebaut. Die Adern und Knoten sowie die Netzhaut sind so eingestellt, daß sie diese Göttlichkeit in sich aufnehmen, eben in dem Augenblick, da wir uns darauf einstellen. In dem Moment, da wir diese Göttlichkeit als Wahrheit anerkennen, stellt sich unser Auge auf die Frequenz ein, in der sie sich bewegt. Es kann gezeigt werden, daß diejenigen, die ihre Sehkraft in keiner Weise verringert haben, dies augenblicklich wahrnehmen, sobald sie anerkennen, daß sie göttlich sind.

Die Göttlichkeit ist in allem, in jeder Gestalt. Christus ist die Kraft, diese Göttlichkeit im Innern zu begreifen. Können wir den Christus demnach nicht in jedem Angesicht, in jeder Gestalt erkennen? Dies war eine der ersten Feststellungen, die Jesus gemacht hatte. Wir finden das bei unserem Forschungswerk bestätigt. Ich sehe Christus in jedem Gesicht, in jeder Form. Als das erste Kind geboren wurde, war „der Christus" geboren.

Das ist der siegreiche Christus. Der Eine, der siegt, der Herr über allem. Heute gibt es keinen Menschen, der nicht „der Herr" ist. Leider beginnen viele in dem Augenblick, da man das sagt, sich nach dem Herrn umzusehen. Sobald man jedoch, außerhalb seiner selbst, nach einem Herrn sucht, vergißt man den Herrn im Innern. Die Menschheit hat den großen Fehler begangen, den Gott zu suchen, oder den Versuch zu unternehmen, Gott zu sehen. Warum? Weil sie nach etwas Ausschau gehalten hat, was nur im Innern „Selbst" ist. Wenn immer man ausspricht, daß man Gott ist, dann ist man es auch. Wir können euch zeigen, daß von der Sekunde an, in der das Wort „Gott" ausgesprochen ist, wenn ihr in dieser starken Vergrößerung steht, euer Körper in seiner Vibration nie mehr zur gleichen Frequenz absinkt, die er hatte, ehe ihr das Wort ausgesprochen hattet.

Noch etwas: wir können zeigen, daß wenn man das Wort „Gott" in einem Buche vorfindet, dieses Buch deshalb eine weit größere Erhabenheit ausstrahlt, weil das Wort darin vorkommt. Wir kennen drei Männer, die diesem Wort die Tonstärke von hundertsechsundachtzig Billionen Vibrationen pro Sekunde geben können. Wir baten sie, zum 180. Breitengrad zu gehen, dem von Greenwich am weitesten entfernten Punkt auf unserem Planeten. Zu einer vorher bestimmten Zeit richteten wir das Instrument so, daß es die von ihnen angestimmte Vibration aufnahm. Sobald die Frequenz uns erreichte, konnten wir sogleich jenen festgesetzten Punkt anzeigen. Nun legten wir die älteste Bibel aus dem Museum für Naturgeschichte unter das Instrument. Wir bewegten das Buch langsam weg und schoben ein anderes Buch an die Stelle, in dem das Wort „Gott" nicht enthalten war. Das Instrument ging in seiner Frequenz sogleich zurück. Wir nahmen ein drittes Buch, in welchem das Wort „Gott" nur dreimal enthalten war und das Instrument zeigte dies sogleich an. Das eine Wort „Gott" war maßgebend für diese Änderung in den Frequenzen. Wenn das bei einem leblosen Wort möglich ist, was kann dann wohl durch unsere körperliche Form bei positiver Anwendung und Anerkennung des Wortes „Gott" erreicht werden?

Wenn die Stimmen dieser drei Männer das Wort „Gott" bei einer Vibration von hundertsechsundachtzig Billionen pro Sekunde antönen, gleitet der Zeiger des Aufnahmegerätes über einen Film von 30 Fuß Länge. Dann, wenn die gleichen Männer das Wort „Jehovah" sagen, kann man eine Frequenz von nur 5 inches auf dem Schirm ablesen. Warum? Im gleichen Augenblick, da man das Wort „Gott" mit Verständnis und Glauben und im Wissen anwendet, stellt man die heute höchste Schwingungsfrequenz her. Dieser Schwingungseinfluß zieht Substanz zu sich heran, und sobald man das Denken darauf richtet, erhält man eine Verdichtung dieser Substanz.

Wenn dies in richtiger Reihenfolge vor sich geht, kann man diese Tatsachen gar nicht verhindern. Dies ist etwas, was jedem zugehört, das Beste, was er eigentlich benötigt. Stellt diesen Schwingungseinfluß her und er wird sich sofort in euch festigen.

Es ist dies ein sehr verständliches Prinzip, an dem wir heute arbeiten: Das Prinzip der Göttlichkeit in allem. Durch diese Kamera, die längst verflossene Ereignisse aufzeichnet, konnte hier manches nachgeprüft werden. Wir können sehen, daß jeder Grashalm, jeder Baum, jedes Gebüsch, jeder Same göttlich ist. Gäbe es diese Göttlichkeit nicht, so könnte weder der Same sich entwickeln, noch die Pflanze oder der Baum. Man kann heute an genauer Photographie zeigen, daß der Keim in einem Samen in sich genau das Bild der Gestalt trägt, die er einmal hervorbringen wird.

Warum sagen wir eigentlich, daß wir etwas nicht verstehen? Ist es nicht zutreffender zu sagen: „Ich verstehe!" oder „Ihr versteht!" Dieses Verstehen geschieht ganz im Innern. Ihr seid der Herr dieser Dinge. Sobald ihr den Geschehnissen der Außenwelt weniger Bedeutung beimessen werdet, meistert ihr die innern Dinge. Ihr lernt aufzunehmen und zu erkennen, daß *ihr* der Meister, der Herr seid.

Zahlreiche Leute schreiben und fragen uns, ob sie nicht hingehen und die Meister sehen könnten — oder was sie anstellen sollen, um die Meister zu sehen. Jedesmal, wenn ihr mit euren Gedanken aus euch selbst herausgeht — mit der Idee — einen Meister zu suchen, verliert ihr den Blick für den Meister in eurem Innern. Wenn ihr das begreift, dessen gewahr werdet, so seid ihr mit dem Meister, und mit allen, eins.

Wenn immer jemand sagt: „Ich bin nicht der Gott!", so nehmt das Wort „nicht" heraus. Es ist ein verneinendes Wort und hat entsprechend auch keine Vibrations-Frequenz. Bejaht den Satz, und ihr verleiht ihm Lebenskraft — verneint ihn, so hat er keine eigene Energie.

Heute gibt es ein Aufnahmegerät, die Kamera, die euch dies zeigt. Ihr könnt euch tatsächlich davor setzen, sagt kein Wort, aber denkt es — und wir werden aus dem Reflex, den das Bild zeigt, ganz genau euren Gedanken wiedergeben. Würden wir euch dann einen Satz mit einem negativen Wort aussprechen lassen — nur um zu prüfen, was geschehen wird — so würde an der Stelle, an welcher ihr das Wort gesagt habt, auf dem Film nichts zu sehen sein, — so, als sei tatsächlich nichts aufgenommen worden.

Diese Kamera zeigt heute die starken Schwingungen der menschlichen Seele an. Wenn diese nicht vorhanden wären, könnte man sie nicht aufnehmen, auch nicht in der Anwendung der Hypnose.

Von den Fakiren Indiens haben wir mehr als vier- oder fünfhundert Aufnahmen gemacht. Wo immer die Hypnose zu Hilfe genommen wurde, zeigte der Film nichts an. Wir haben unter diesen Hunderten von Aufnahmen, zwei oder drei bemerkenswerte Vorgänge festgestellt. Als wir eines Tages zu unserem Haus in Indien zurückkehrten, stand ein Mann innerhalb der Umzäunung. Er hatte einen Orangenkern in die Erde gesteckt und deckte seinen Mantel darüber. Der Orangentrieb kam hervor und nach ungefähr fünfundvierzig Minuten war daraus ein Baum mit Zweigen Knospen, Blüten, Blättern und zuletzt mit reifen Orangen geworden. Wir haben davon Bilder aufgenommen. Zwölf Kameras waren in unserer Gruppe. Wir alle waren so betört, daß wir hingingen und die Orangen von dem Baum pflücken wollten — aber es war kein Baum da.

Einer von uns entwickelte zwei von den Filmen und ich hielt den jungen Fakir im Gespräch fest, bis die Filme zurückgebracht wurden. Ich rollte einen davon vor seinen Augen auf und fragte: „Wie kommt das? Du hast uns zwar betrogen, aber du hast die Kameras nicht getäuscht!" Er war darüber ganz bestürzt und sagte: „Kommt morgen wieder und ich werde es euch zeigen." Wir vereinbarten, daß wir uns am folgenden Tage um elf Uhr treffen würden.

Am anderen Tage waren wir zur angesagten Stunde alle beisammen. Unsere Kameras wurden ausgetauscht. Nun hatte der junge Fakir einen Mann bei sich, den niemand von uns je gesehen hatte. Er kam bereitwillig vor und senkte den Samen in die Erde. Während dieser Zeit nahm unsere Gruppe ständig neue Bilder auf. Der Baum erschien, genau wie beim ersten Mal. Weil wir am Tage vorher schlimm getäuscht wurden, traten wir jetzt nicht vor, um die Früchte zu pflücken. Bis unser Führer schließlich meinte: „Nun, was tut es; wenn er nicht da ist, werden wir es ja sehen." Er ging hin und pflückte eine Orange vom Baum und aß sie. Jeder von uns tat dasselbe. Der Baum trägt heute noch Orangen auf unserem Platz in Indien.

Folgendes war geschehen: Der junge Fakir war der Chela eines alten Gurus. Als wir dem Guru erzählten, was am Tage vorher geschehen war, wurde er sehr ärgerlich und entließ seinen Schüler, um ihn nie wieder aufzunehmen. Er erzählte uns, daß sie ihre Chelas durch alle zwölf Methoden der hypnotischen Beeinflussung führten, einzig um ihnen zu zeigen, daß es dabei keine Existenz gäbe. Wenn man aber jede Beeinflussung fallen ließe, und das *Selbst ist*, dann könne man auch alles hervorbringen.

Das fällt unter die Kunst und die Gesetze der Suggestion. Wir haben sie in Indien studiert. Ein Beispiel: Man sah einen Mann ankommen, mit einem Seil in der Hand. Eine kleine Gruppe Neugieriger sammelte sich um ihn herum. Er warf das Seil anscheinend in die Höhe und rief einen Jungen aus der Gruppe heran, dem er gebot, an dem Seil emporzuklettern. Es ist möglich, daß der Junge am Seil oben verschwindet — und das ist alles, was erwartet wird. Der Mann sammelt ein paar Geldstücke·und kann davon einige Tage leben. Wir haben an die fünfhundert Male solche Vorführungen photographiert, aber außer dem Mann selbst, der vor der Gruppe steht, bekommt man nichts auf den Film. Das ist die Macht der Suggestion. Sie wird so wirksam dargeboten, daß man tatsächlich Täuschung für Wirklichkeit hält. Ein alter Guru arbeitete einmal mit uns in Indien. Wir nahmen einen Samen, pflanzten ihn in die Erde ein, begossen den Boden mechanisch und hatten nach sieben Minuten einen Halm mit Korn und zwei völlig reife Ähren hervorgebracht. Wenn der alte Guru selbst einen Samen in die Erde legte, stand die reife Ähre vor ihm, noch ehe er sich ganz aufgerichtet hatte. Es bedurfte gar keiner mechanischen Mittel. Er *weiß* einfach. Damit hatten wir nun den besten Beweis der Welt, daß auch wir völlig imstande sind, so etwas auszuführen. Jedermann ist dazu fähig. Wenn irgend jemand so etwas tun kann, so haben alle das Recht dazu.

Niemand wird bevorzugt. Jeder trägt die Fähigkeiten in sich selbst. Es ist nicht kompliziert. Es ist in der Tat ganz einfach, man braucht dazu keine Belehrung. Man muß nur jemanden dazu bringen, diese realen Dinge einzusehen, ihre Vorzüge anzuerkennen und dafür zu danken. Diese Macht ist gegenwärtig und wirkt in allen Dingen des täglichen Alltags, sogar im Gelde, welches wir benützen. Es braucht niemand Mangel zu leiden. In Wirklichkeit gibt es keinen Mangel. Wir verwenden nur einen falschen Ausdruck und nennen ihn *Mangel*. Deshalb sollten wir den Gedanken an „Fehlschläge" fallenlassen. Es gibt auch keinen Fehlschlag.

Manche unserer medizinischen Wissenschaftler sagen uns heute, der Mensch könne in Zukunft hundert Jahre länger leben als heute. Das Altwerden ist ganz einfach eine Sache des Bewußtseins. Wenn der Mensch lernt, sich von der Idee des Altwerdens frei zu machen, kann er immer weiter leben. In unserer Gedankenstruktur macht ein Jahr keinen Unterschied aus, solange wir nicht sagen, nun sei ein Jahr „vorbei". Ganz von selbst denken wir, nun seien wir ein Jahr älter, anstatt positiv denken zu wollen — an ein Jahr mit neuen Errungenschaften und Einsichten, ein Jahr mit größerer Erleuchtung und größerem Verständnis. Das wäre besser. Das Allergrößte, was man tun kann, ist, die Göttlichkeit in jeder Gestalt, in jedem Angesicht zu sehen. Unser größter Vorzug liegt darin, Christus in jedem Gesicht zu erkennen. Es bedeutet unbegrenzte Macht, Gott in sich selbst zu *finden*.

Wir können zu diesen Tatsachen zurückgehen und sie heute beweisen. Wir verlangen nicht, daß man uns einfach glaubt. Ihr könnt es selbst bewiesen haben, indem ihr die Gedanken um das Altwerden, an Behinderungen und negative Gedanken überhaupt völlig ausschließt, ihnen nicht gestattet, in eurem Weltbild aufgenommen zu werden.

Wir wissen geschichtlich, daß es vor dreitausend Jahren eine Sprache gab, die auch gesprochen wurde, in der kein einziges negatives Wort enthalten war.

Diese Sprache reicht bis mehr als 200 000 Jahre zurück.

Fragen und Antworten.

Frage: Hat das schweigend ausgesprochene Wort „Gott" ebensoviel Macht wie das hörbar gesprochene?

Antwort: Es hat genau die gleiche Macht. Tatsächlich gibt es vielen Menschen mehr Kraft, innerlich „*Gott*" zu denken, als es auszusprechen.

Frage: Wie kann man diese große Macht in sich zum Selbstausdruck erwecken?

Antwort: Nur indem man *weiß*, daß man diese Kraft hat. Ihr seid erhabene Macht. Ihr seid erhabene Weisheit, und in dem Augenblick, da ihr das anerkennt, setzt ihr die Energie frei, die euch zeigt, daß ihr frei von jeglicher Begrenzung seid.

Frage: Wird auf diesem Planeten eine große Zerstörung stattfinden, ehe der universelle Friede kommt?

Antwort: Zerstörung ist das, was wir selbst verursachen. Es sind die Gedanken, die wir aussenden. Nehmen wir an, wir alle weigerten uns, das Wort „Zerstörung" anzuwenden; würde eine solche kommen? Ganz und gar nicht.

Frage: Was verhindert die Ausbreitung des Wissens der Meister über die ganze Welt?

Antwort: Es ist nur unser eigener Fehler, nichts anderes kann es verhindern. Sobald wir *anerkennen* und *wissen*, daß wir so sind, wie SIE sind, und es immer gewesen sind, wird es nie von uns ferngehalten. Niemand, außer wir selbst, kann es von uns fernhalten.

Frage: Ist Hypnose eine Übertretung des Gesetzes, indem sie eines Menschen Willen unterwirft?

Antwort: Man hat allgemein zugegeben, daß Hypnose in bezug auf den menschlichen Zustand oder auf das Gehirn schädlich sei.

Kapitel III

Gibt es einen Gott?

Gibt es einen Gott? Diese Frage ist heute mehr als jede andere zu hören. Die Wissenschaft hat diesem Thema in den letzten Jahren mehr Aufmerksamkeit geschenkt als je zuvor und leistet in dieser Hinsicht auch ein großes Werk. Von einer Gruppe Medizin-Studenten wurden Nachforschungen angeregt, die seit mehreren Jahren weit fortgeschritten sind. Natürlich ist die sehr große Überzeugung vorhanden, daß hinter allen Erlebnissen ein großes Prinzip stehe. Dies reicht so weit zurück, daß im Laufe der Zeit alle Verbindungslinien verlorengingen. Wir sind zu der Überzeugung gekommen, daß es allezeit existiert hat und auch heute existiert, und das nichts dieses Prinzip aus dem absoluten Gesetz und seiner großen Ordnung herausbringen kann. Die größte Frage, die jemals von Menschen gestellt wurde und heute noch gestellt wird, lautet: „Gibt es einen Gott?" Vom orthodoxen Standpunkt aus wird als Glaubenssatz anerkannt, daß es einen Gott gibt, eine Gottheit, — Vater des Menschen genannt. In diesem Sinne sprechen wir für einen großen Teil der Menschheit. Nicht zufrieden jedoch mit dem bloßen Glauben, wollen die Menschen wissen: „Habt ihr unwiderlegbare Beweise für die Existenz der Gottheit?"

Es war Aufgabe der Wissenschaft, dieser Tatsache nachzugehen und eine Antwort auf die Frage zu finden, die dem

Verstande genügen kann. Durch wissenschaftliche Nachforschungen ist im Laufe der letzten Jahre entdeckt worden, daß es eine universelle Kraft gibt, die auch universelle oder primäre Energie genannt wird und die das ganze Universum durchdringt und den unendlichen Raum erfüllt. Heute finden wir, daß die Energie dieses Prinzips größer ist als die der Atombombe. Diese Energie dringt durch den ganzen Raum, durch alle Lebensbedingungen und Dinge. Sie ist nicht nur einer Person oder einer Gruppe verliehen, sondern ist überall, sie gehört jedem. Sie wirkt in jedem, ob er es spürt oder nicht. Die Nicht-Anerkennung dieser Energie ändert daran nichts. Sie ist weder in Büchern verborgen, noch in dunklen Ecken. Sie ist immer gegenwärtig, allgegenwärtig, alles durchdringend. Es ist dies eigentlich die wirkliche Substanz und das Prinzip, aus dem wir leben, uns bewegen, ja, unser Wesen haben. Wenn es nicht dieses Prinzip, diese Göttlichkeit in jeder Person gäbe, wären wir nicht imstande, ein Bild von diesen Dingen aufzunehmen. Das haben unsere Experimente bewiesen. Dieses göttliche Prinzip ist in allen Dingen gegenwärtig und durchdringt alles, jede Eigenart der Lebensführung, jedes Erlebnis. Es ist dieser göttliche Einfluß, diese göttliche Energie, die permanent, ewig dauernd, allumfassend ist. Wir haben es in Photographie bewiesen, denn gäbe es diese göttliche Energie nicht, könnte keine Photographie gemacht werden. Die Bilder, die auf einem Film aufgenommen wurden, sind nichts anderes, als die vom Objekt oder von der Person ausgehende Vibration. Dies ist der Beweis für die Göttlichkeit in jeder Form. Wenn wir diese Göttlichkeit von außen her suchen, finden wir sie nicht, denn dann suchen wir außerhalb unseres Selbstes nach etwas, was uns so nahe ist wie Hand und Fuß, so nahe wie unser Herz. Gehen wir in uns hinein, so finden wir in jedem Teil die Gottheit. Warum vergeuden wir unsere Zeit, nach einem Gott außerhalb unseres Selbst zu suchen?

Ebenso ist es mit den Meistern oder den älteren Brüdern. Sie sind wirklich hier in jeder Form. Sie sind uns so nahe wie unser eigenes Herz. Um die Meister zu treffen, braucht man nicht nach Indien oder in ein anderes Land zu gehen. Überall da, wo man gerade ist, kann man sie sehen. „Wenn der Schüler reif ist, wird der Meister kommen." Es ist heute wohlbekannt, daß durch eine größere Zivilisation — viele, viele Zeitalter zurück — ein großer Vorrat aus Prinzipien und Gott-Eigenschaften aufgebaut wurde, die sich in zahllosen Äonen der Zeit hindurch erzeugt und geoffenbart haben, und daß dieses Reservoir des Guten durch keine eindringende negative Bedingung vernichtet werden kann. Das mächtige Reservoir oder Momentum an Gottes Güte und ursprünglicher Reinheit besteht durch alle Zeiten hindurch. Sobald wir an dieses große, vibrierende, pulsierende Prinzip denken, werden wir seiner gewahr in unserem innersten Innern. Dieses allumfassende Reservoir des Guten steht für uns bereit, bereit zur Anwendung, zu jeder Zeit. Wir brauchen uns nur einzufügen, so werden wir eins mit ihm.

Nun hat man dieser Energie den Namen „Gott" gegeben, ein Wort, das aufnahmefähig ist für den größtmöglichen Vibrationseinfluß, der heute bekannt ist.

Wenn wir dieses Wort in seiner wahren Bedeutung anwenden, — und es kann in keinem anderen Sinne angewendet werden, — wenn es Einfluß haben soll, dann wirken wir auf alle Substanz ein; wir wirken auf jedes Prinzip ein, wir wirken ein auf Gesetz und Ordnung, — und was immer wir in wirklicher Form ausdrücken, ist schon unser Eigentum. Wie schon Jesus sagte: „Ehe du gefragt hast, habe ich schon geantwortet und noch während du gesprochen hast, habe ich gehört." Denkt daran. Weil wir in definitiver Ordnung und in definitiver Form das Wort ausgesandt haben, gehört uns das, was wir ausgesprochen haben. Es gibt weder Zeit noch Raum.

Es ist heute wohlbekannt, daß Vollkommenheit nie erschaffen werden kann, sie *war* und *ist* allezeit. Wenn wir meinen, wir könnten die Vollkommenheit durch unseren Willen erschaffen, gehen wir völlig aus uns heraus, denn Vollkommenheit ist schon da. Sie ist hier und jetzt.

Wenn wir richtige Worte, richtige Gedanken, richtiges Handeln anwenden, wirkt jedes Wort sich in einem großen

Schwingungseinfluß aus. Zuerst der Gedanke und dann das ausgesprochene Wort. In unserer Bibel heißt es: „Am Anfang war das Wort und das Wort war bei Gott und Gott war das Wort."

Wenn wir lernen, jeden negativen Gedanken auszuschalten, jedes Gefühl, jedes Wort und jedes Handeln, dann speichern wir diese Energie in unserem Körper. Im Augenblick, da wir ein negatives Wort aussprechen, verschleudern wir Gottes reine vollkommene Energie, darum: je mehr wir lernen, uns selbst im Denken, Fühlen, Reden und Handeln zu beherrschen; sobald wir positiv und konstruktiv reden und handeln, um so mehr erschaffen wir diese gewaltige Energie, damit sie unser Gebot erfülle und Vollkommenheit offenbare.

Jede Feststellung, die Jesus je gemacht hat, ist hier und jetzt offenbar geworden. In Seiner Welt gab es keine Zukunft, alles war JETZT. In der Ursprache gibt es weder ein Wort für „Zukunft", noch für „Vergangenheit". Jedes Wort, in jeder Sprache, ist Ausdruck von Jetzt und Hier. In gleicher Weise ist heute bekannt, daß jedes Wort, welches wir unter positivem und konstruktivem Einfluß aussprechen, aufbewahrt wird und nie vergeht.

Das definitive Wort: „ICH BIN GOTT" ist ein entscheidender Faktor, der die Menschheit emportragen kann. Unter diesem Ideal kommen wir voran.

Jeder Einzelne kann diese Feststellung an sich selbst beweisen. Erfolg gehört dem, der ein Ideal in sich trägt und es nie aus dem Auge verliert. In vielen Fällen ist es ihm unbewußt, wie er seinen Erfolg gesichert hat.

Anbetung ist keine nutzlose Handlung. Es ist notwendig, daß man sich anstrengt, um ein Ideal zu erreichen. Dieses Ideal, wenn es fest im Gedanken gehalten wird, muß Gestalt gewinnen. Der Gedanke allein bringt eine Sache in sichtbare Form. Diese Vision projiziert sich so ausdrucksvoll, daß sie hervorgeht aus dem Urquell allen Daseins und sich vollkommen kristallisiert. Eine klar gestellte Vision geht aber voraus.

Es ist notwendig, sich jederzeit nur an eine einzige Bedingung zu halten. Man erlaube den Gedanken nicht, nach Belieben abzuschweifen, um eine andere Form anzunehmen, ehe die erste Gestalt angenommen hat. Wenn eine Handlung vollendet ist, lasse man den Gedanken ganz fallen und gehe zum nächsten über.

So ist zu verstehen, was Jesus meinte, wenn er sagte: „Ihr seid Gottes und Söhne des Höchsten." Das waren seine Gedanken über die Tatsache der menschlichen Existenz. Allezeit das Höchste, immer das Edelste, immer das Reinste, immer Licht — nie Verfehlen, nie Zweifel. Immer die gleiche Einheitlichkeit des Zieles, das den Gedanken lenkt. Eine so projizierte Vision kann die Menschheit über alle Furcht emporheben, über jeden unharmonischen Gedanken. So kann die Menschheit allezeit auf den Ebenen hohen Erreichens bleiben und von weniger hohen Gebieten zu einem höheren Feld der Nützlichkeit emporgehoben werden.

Das ist das Weiterschreiten unseres planetarischen Systems. Die Sonne aller Sonnensysteme bringt es zum Ausdruck, zieht Energie zu sich heran, damit größere Energie frei wird und ausgehen kann. Wenn unsere Sonne ein großes Stück Kohle wäre, würde sie eines Tages verzehrt sein. Sie hat aber Hunderte von Millionen Jahren existiert. Sie zieht Kraft, Macht und Energie zu sich heran und machte sie unserer Welt und anderen Welten zugänglich. Der Mensch muß die gleiche Lehre des Energieaustausches erfassen. Sobald wir unsere Kräfte zurückhalten, erfolgt eine Lähmung. Geben wir aber aus, was wir haben, dann fließt immer Neues hinzu und füllt den Raum dessen aus, was ausgegeben wurde. Die Energie ist unerschöpflich, wenn man sie in richtiger Weise und am rechten Platz anwendet. Das ist es, was unseren Körper erneuert. Wenn es diese Energie außerhalb gibt, dann gibt es sie auch in uns.

Wenn die Gottheit außerhalb unseres Wesens ist, dann können wir sie auch nicht aus unserem Innern fernhalten. Alles, was man zu tun hat, ist, sich zu einem Kanal für die göttliche Kraft zu machen. Sie pulsiert ständig und kann nicht vermindert werden. Das ist auch die richtige Erklärung für die Unsterblichkeit des Menschen. Es gibt eine Unsterblichkeit eines jeden Gedankens, jeder Handlung, jedes Wortes. Es gibt aber auch eine vereinigende Kraft, der kein Mensch entgehen kann. Was der Mensch erschafft, aussendet, — vollendet nur die Tatsache, die schon jederzeit bestand. Die Tatsache aller Wesenheit hat immer schon existiert, im Geist, ohne Anfang und ohne Ende.

Der Mensch fragt immer nach der Natur des Beginns. Es ist nicht leicht, sich etwas ohne Anfang vorzustellen. Was jedoch den Menschen betrifft, so erfolgte der Anfang mit dem Bewußtsein des Getrenntseins. Vorher war des Menschen Geist, und das ist der Zustand, zu dem wir zurückkehren sollten.

Die neue Einstellung zur Wissenschaft und Religion wird uns dann befähigen, die besseren Dinge zu erkennen, welche uns versprochen wurden. Haben wir uns für sie geöffnet, dann sind sie heute schon da. Gott existiert nicht in der Form eines Menschenwesens — Gott ist die erhabene Intelligenz-Kraft, die alle Formen und jedes Atom des ganzen Universums durchdringt. Wenn man begreift, daß diese erhabene Intelligenz-Macht in der eigenen Gestalt ist, daß man selbst diese Macht ist, und wenn man einsieht, daß diese Macht durch jeden wirksam wird, dann erst ist man selbst zu dieser Macht geworden. Jeder Einzelne hat die Fähigkeit, diese Macht zu *sein*. Denn das ist das Reich Gottes, in welches jeder hineingeboren ist. Sobald es alle Menschen einsehen und *wissen*, gehören sie zum Reiche Gottes.

Fragen und Antworten.

Frage: Was ist das erste Gesetz?

Antwort: Das erste Gesetz ist „ICH BIN". Das ist das ver-
lorengegangene Wort. Wir fangen an, es zu verstehen. GOTT, ICH BIN.

Frage: Ich möchte über dieses ICH BIN gerne mehr wissen, so, wie die Meister es erklärten.

Antwort: „ICH BIN" ist das zweite Wort in der Sprache.
Es bedeutet volles Verständnis, volles Anerkennen,
daß ihr Gott seid.
GOTT, ICH BIN. Das Wort „Gott" ist das erste, wegen seiner größten Vibration, eure Anerkennung ist
dann „ICH BIN".

Frage: Was ist der HEILIGE GEIST?

Antwort: Der Heilige Geist bedeutet das Ganze vom „ICH
BIN GEIST" in seiner vollkommenen Handlung, in
jedem Zustande.

Frage: Wie kann man den Christus hervorbringen?

Antwort: Der Christus muß in jedem innerlich geboren werden. Jesus hat euch das Beispiel dafür gegeben. Ihr
bringt aus euch das heraus, auf was ihr auch immer
eure Aufmerksamkeit lenkt, indem ihr euch gerade
darauf fest konzentriert. Der Christus ist inwendig
in euch.

Frage: Wenn es diesen Meistern, von denen Sie schreiben,
möglich ist, den Körper zu verlassen, wie kommt
es, daß so wenige Menschen davon wissen?

Antwort: Weil die Leute es nicht glauben. Sie verlassen ihren Körper nicht. Es ist ein Ausdruck, den man anwendet, damit es begriffen werden kann. Sie nehmen ihren Körper mit sich.

Frage: Haben Sie jemals Saint Germain angetroffen?

Antwort: Wir wissen von Saint Germain und kennen sein Leben. Es ist ein großes Leben gewesen. Es ist niemandem bekannt, ob Saint Germain jemals durch den Tod gegangen ist. Mein Adoptiv-Bruder und ich hatten in dieser Beziehung ein interessantes Erlebnis gehabt. Zu jener Zeit beschäftigte sich mein Adoptiv-Bruder mit einem großen Ingenieur-Projekt der Regierung in unserem Lande hier. Als er damit fertig war, telegraphierte man ihm von Paris, er möge hinkommen. Sie waren damit beschäftigt, einen ausgedehnten Sumpf im Hinterlande von Paris zu entwässern und ihn für Gärten vorzubereiten. Während man daran arbeitete, begannen die Wasser der Seine das Grab von St. Germain zu überfluten, und man stellte fest, daß man es anderswohin verlegen müsse. Mein Bruder telegraphierte mir, er vermute, man werde wahrscheinlich den Sarg öffnen und wir könnten den Inhalt betrachten. Ich fuhr hin. Der Sarg wurde geöffnet und wir sahen, was darin war. Man fand nur den Hüftknochen eines Hundes. Nun denkt an die Tausende von Heilungen, die sich an der Stelle ereignet hatten. Jedermann hatte alle Gedanken auf die Vollkommenheit von St. Germain gerichtet, ihre Schwächen waren vergessen, nur gänzliche Vollkommenheit war eingetreten. Das ist heute beinahe mit jedem Grabe ähnlich.

Frage: Wenn wir etwas wünschen, wozu wir völlig berechtigt sind, ist es dann recht, darum zu bitten?

Antwort: Wenn ihr auf etwas euer heiliges Recht habt, braucht ihr nicht darum zu bitten. Unser Anerkennen von Illusionen verneint das Gute, das wir wünschen. Wenn ihr der göttlichen Natur in euch Ausdruck verleiht, werdet ihr sehen, daß alles, was ihr braucht, zur Hand ist. Diese Einsicht läßt euch wissen, daß das Gute vollendet ist, noch ehe ihr dem Gedanken Raum gegeben habt. Die Notwendigkeit braucht sich gar nicht zu zeigen.

Kapitel IV

Ewiges Leben

Für eine auserwählte Amöbe ändert sich das Göttliche Bild niemals. Es beherrscht das Ideal und die vollkommene Form und übergibt diese vollkommene Gestalt jeder neuen Zelle, die in der ganzen Form erschaffen wird. So *hat* nicht nur jede einzelne Zelle in den Formen der ganzen menschlichen Rasse das vollkommene Bild der erhabenen Intelligenz, sondern sie *ist* diese Vollkommenheit. Wir haben also den unumstößlichen Beweis dafür, daß der Mensch oder die Menschheit überhaupt, göttlich ist — die göttliche erhabene Intelligenz, die Gott ist, der siegreiche Christus, Gott-Mensch, das Resultat der völligen Vereinigung der Trinität. Tatsächlich hat jeder Same das exakte Bild dessen in sich, was er hervorbringen muß.

Setzen wir uns ruhig hin und betrachten wir diese einzelne Amöbe und ihre Fähigkeit, sich zu reproduzieren und in jede einzelne Zelle das perfekte Bild dessen einzupflanzen — ein Bild, das in Vervielfältigung nicht nur jede menschliche Gestalt formt, sondern jeden Baum, jeden Grashalm, jede Blume, jeden Kristall, jeden Felsen, jedes Sandkorn. Tatsächlich kann man bei genauer Beobachtung von Kristallen jede Felskonstruktion mit Sicherheit feststellen. Das gleiche gilt für jedes Sandkorn und für alle Mineralien. Diese Kristallisation ist die Grundlage, an welcher wir die Beziehungen zum Ganzen und ihren ökonomischen Wert für die Menschen erkennen.

Gehen wir zurück zu unserer Vergrößerung und Schnell-Photographie, die in der Entwicklung sind. Wir finden, daß das allerkleinste Samenkorn, wenn der Kern unter starker Vergrößerung photographiert wird, genau die Form dessen hat, was hervorgebracht werden soll und die Wellenlänge oder Vibrationsfrequenz anzeigt, die es während der gesamten Produktions-Entwicklung beibehält. In dieser Vibrations-Frequenz zieht es Energie zu sich heran, die ihm zur Entwicklung bis hin zur Reife notwendig ist. Diese Vibrations-Energie, die göttliche Lebens-Essenz, die die Substanz zu sich heranzieht, gibt dem Baum, der Blume und allem vegetativen Leben, so gut wie allen Mineralien und aller metallischen Substanz nicht nur Leben — sie *ist* das Leben in der Substanz.

Nun sind wir frei, um zu sagen, daß alle Substanz Leben in sich zum Ausdruck bringt. Bei diesem göttlichen Plan der Vollkommenheit gibt es keine Änderung, solange der Mensch nicht durch sein Denken diese Vollkommenheit stört oder schädigt. Man hat gefunden, daß der Mensch imstande ist, diese Emanation der Vollkommenheit zu weiterer und größerer Fruchtbarkeit anzutreiben, indem er immer größere Gedanken der Fruchtbarkeit und Vollkommenheit aussendet.

Kehren wir zurück zur Amöbe oder ersten Zelle. Wenn diese Zelle ganz anders ist als diejenige einer Pflanze oder eines Minerals, so ist die Vibrations-Frequenz doch eine viel größere und nicht zu vergleichen mit derjenigen eines Minerals oder eines Tieres. Man hat gefunden, daß der Vibrationsgrad eine Kraft ist, die Energie oder Substanz zu sich heranzieht, die das Wachstum neuer Zellen veranlaßt, die schließlich den menschlichen Körper aufbauen kann. Dieser Übergang von einer Zelle zur anderen bildete die erste und unabänderliche Form der Göttlichkeit. Man kann ganz genau sehen, daß die menschliche Form ideal und perfekt ist, wenn der Mensch sich darauf einstellt und weder durch das Denken noch im Ausdruck im Gegensatz zum Ideal der Göttlichkeit steht. So kann man sagen, daß er Gotteskörper ist, rein und vollkommen.

Betrachten wir dieses göttliche Energie- und Intelligenz-Prinzip, hervorgegangen aus der Einzelzelle, der Amöbe, deren eigenes Prinzip bei großer Vibrations-Frequenz angefangen hat, Energie zu sich heranzuziehen und dann begonnen hat, sich zu teilen und zu vermehren, bis ein großer Zentralpunkt, eine Form wurde, aus welcher es alle Formen hervorbringen und lenken kann. Die Menschheit hat sich von diesem vollkommenen Vorbild, von diesem Gestaltungsvermögen nie entfernt. Die Photographie zeigt diese vollkommenen Formen nicht nur um jede Gestalt herum, sondern es kommen auch noch andere vollkommene Formen zum Vorschein.

Wo den Wissenschaftlern Tatsachen fehlen, sind wir weiter vorgedrungen, hin zum absoluten Wissen, daß wir selber diese große hervorgehende Energie-Frequenz sind. Setzt euch einige Augenblicke nieder und überlegt: „GOTT, ICH BIN", und „ALLE SIND", „Gott, ich bin göttliche Intelligenz"; wisse, erkenne und laß dabei keine Zweifel aufkommen — „Ich bin göttliche Liebe", und „Durch mich strömt es aus über alle Welt". Dann sehe dich selbst als Gott und jedermann als ihn und du siehst, was in der sub-mikroskopischen Lebenszone vorgegangen ist, denn du wirst einen beinahe unsichtbaren Tropfen Protoplasma erkennen, durchsichtig, gallertartig, bewegungsfähig, der aus der Sonne Energie zu sich heranzieht, schon imstande, mittels des Sonnenlichtes das Carbon-Dioxyd von der Luft zu trennen, Atome abzuspalten, Hydrogen aus dem Wasser zu ziehen und Carbo-Hydrate zu bilden und seine Nahrung aus den eigensinnigsten chemischen Zusammensetzungen zu entnehmen.

Diese Einzelzelle, dieser durchsichtige kleine Tropfen enthält in sich den Keim allen Lebens. Er hat ihn nicht nur, er ist auch imstande, das Leben auszubreiten, an alle großen und kleinen lebenden Dinge auszuteilen, und das Gebilde seiner richtigen Umgebung zuzuweisen, wo immer auch Leben sein kann, vom Meeresboden bis hin zum obersten Universum. Zeit und Umgebung haben die Gestalt eines jeden lebenden Wesens so geformt, daß es die unendliche Vielfalt aller Bedingungen meistern kann und während diese Lebewesen ihre Individualität entwickeln, verlieren sie ein wenig die Beweglichkeit ihrer Veränderlichkeit. Sie werden festgelegte Eigentümlichkeiten, verlieren die Möglichkeit der Rückentwicklung, aber sie gewinnen immer bessere und größere Anpassung an die Lebensbedingungen während der weiteren Existenz.

Die Macht dieses Protoplasma-Tröpfchens und seines Inhalts ist größer als die Vegetation, welche die Erde mit Grün überzieht, größer als alles tierische Leben, welches den Lebensatem einzieht, denn alles Leben geht aus ihm hervor und ohne es könnte es nie ein lebendes Wesen gegeben haben.

Ihr werdet sehen, daß das absolute Wahrheit ist, Schritt für Schritt wird die Menschheit wissen, wie wir es wissen, daß der Mensch die universelle Quelle dieses Lebens ist. Der Mensch ist Herr im tierischen wie im pflanzlichen und mineralischen Königreich, vollkommen mit erhabener Intelligenz ausgestattet, die Seele aller Dinge. Der Mensch hat diese göttliche Intelligenz nie verloren. Er ist nur seines göttlichen Erbteils beschämend unbewußt geworden, indem er seine eigene niedrige Gedankenstruktur aufgestellt hat. Es ist gut, hier angelangt, zu verweilen und diese niedrige Gedanken-Struktur fallenzulassen, sie zu vergessen um eine wahre Struktur aufzustellen, als Mensch mit erhabener Intelligenz, als Herr über alle Dinge, Gott und Mensch zugleich.

Eine Amöbe ist eine mikroskopisch kleine, aber hochentwickelte Intelligenz, bestehend aus ungezählten Millionen von Atomen in wohl geordneter Zusammenstellung. Ausmaß aber hat mit der Unendlichkeit nichts gemein. Das Atom ist ebenso vollkommen wie das Sonnensystem. Die Zelle teilt sich und es werden zwei neue daraus. Die zwei teilen sich und es werden vier und so fort, wie es eben die Zellen in jedem lebenden Wesen tun. Jede Zelle enthält in sich die Macht, ein vollkommenes Wesen hervorzubringen. Die Zellen selbst sind unsterblich. Sie bauen heute die Zellen aller Lebewesen auf, der tierischen und pflanzlichen und sind genaue Abbilder ihrer Erzeuger. Wir, wie die ganze Menschheit, sind wohlgeordnete Abbilder von Billionen und Aberbillionen ähnlicher Zellen, von denen jede als intelligente Bürger einen festgesetzten Dienst zu leisten hat. Diese eine Zelle besitzt ferner die Macht, das Licht der Sonne zum Aufbrechen chemischer Zusammensetzungen anzuwenden und sowohl ihre eigene, wie die Nahrung der Bruderzelle herzustellen. Ihr werdet finden, daß diese Teilung absolut grundlegend ein Erfordernis des Lebens ist. Kann man weiterhin verneinen, daß der Mensch hier unsterblich ist, wenn jeder Beweis seiner Göttlichkeit den Beweis für seine Unsterblichkeit gibt?

Alle Dinge, die leben, gehen aus einer einzigen Zelle hervor. Diese Zelle zwingt alle ihre Nachkommen zum Dienst und zur Nachfolge, ohne Umwege zum Bild des Geschöpfes, welches die ursprüngliche Zelle aufbaute, sei das ein Mensch, eine Schildkröte oder ein Hase. Man hat herausgefunden, daß diese Zellen bewußte Intelligenz besitzen, sowohl Instinkt wie Verstandeskraft, und es ist bekannt, daß nach der Teilung ganze Gruppen der Zellen gezwungen sind, ihre Natur umzustellen, um den Anordnungen des Wesens nachzukommen, dem sie angehören. Weshalb? Weil der Plan festgesetzt und unabänderlich ist. Das ist der Grund, weshalb der Mensch göttlich ist, vollkommen und unbesiegbar. Es ändert nichts, welche Gedanken-Struktur er sich aufbaut, dieser Plan ist völlig unwiderruflich und kann nicht geändert werden; er ist erstes und herrschendes Prinzip, zwingend.

Das ist auch der Grund dafür, daß der Mensch fähig und sehr wohl imstande ist, das Allerhöchste zu erreichen. Sollte es ihm im Augenblick nicht gelingen, das Höchste zu erreichen, so braucht er nichts weiter als seinen Gedankenaufbau zu ändern, der ihn behindert — und sein Denken auf die richtige Gedankenstruktur zu richten, die in seinem Innern fest eingefügt ist, von der ihm schließlich sein eingegebener Instinkt spricht, und dann dauernd einen Gedankenaufbau zu bilden, der ihm gestatten wird, die höchste Vorstellung zu erreichen, die ihm möglich ist. Sein leichtester und erfolgreichster Weg zu diesem höchsten Ziel ist: einen alten Gedankenaufbau fallenzulassen, der ihn ans Rad der Wiederholungen bindet — sofort in die Tat umsetzen, was einen unzerstörbaren Gedankenbau sichert, der nie verfehlen wird, ihn zum Höchsten emporzutragen.

Als erster Rat! Gib deinem Denken und deinem Verstand das Wort „Gott" und wisse positiv, daß dies der Punkt ist, aus welchem jeder Erfolg hervorgeht und von welchem jeder Erfolg ausgeht.

Dann halte den Erfolgsgedanken mit einem anderen Gedanken fest: *„Gott, ich bin vollständig fähig, in jeder Anstrengung Erfolg zu haben, die ich wahrheitsgetreu beginne."*

Dann der nächste Gedanke: *„Gott, ich bin die genaue Kenntnis dessen, was mich zum Erfolg befähigt."*

Die nächste Feststellung wird sein: *„Gott, ich bin die unendliche Liebe, welche alle Substanz zu mir heranzieht, die ich zu meinem Erfolg benötige."*

Im Wissen, daß Liebe die größte Kohäsionskraft im Universum ist, wird die nächste Feststellung heißen *„Gott, ich bin die Intelligenz, die all' meinen Erfolg in richtige und vorteilhafte Wege leitet."*

Dann folgt: *„Gott, ich bin das göttliche Wissen und die göttliche Weisheit, welche meinem Erfolg Vollkommenheit verleihen."*

Und darauf folgt: *„Gott, ich bin die vollkommene Dreiheit, Gott der siegreiche Christus, Gott-Mensch, der eine Zentralpunkt in der Schöpfung."*

Wir sind nun erfüllt mit den Gottes-Zellen, die sich nie lösen oder sich in ihrer Göttlichkeit wandeln. Das Gehirn des Menschen ist aus diesen Gottes-Zellen zusammengesetzt und das ist der Grund, weshalb der Verstand sich nie ändert. Gedanken mögen in einer einzigen Minute sich tausendmal ändern, weil sie nur Reflexe des Unterbewußtseins sind. Hier hat der Mensch einen freien Willen, denn er kann sein Bewußtsein dazu bringen, jeden entstandenen Gedanken zu glauben, den er bemerkt oder der ihm von anderer Seite eingegeben wird. Dieses Unterbewußtsein ist nicht ein Teil des denkenden Gehirns, es ist ein Ganglion von richtigen Zellen, gerade unter dem Herz-Zentrum. Diese Zellen kennen weder Unlauterkeit noch Unvollkommenheit. Sie nehmen und bewahren alles auf, was gedacht oder gesprochen wird und haben keine Möglichkeit der Unterscheidung. Sie wiederholen auch das, was sie aufbewahrt haben, und so beginnt der Mensch bald zu glauben, was als Wahrheit wiederholt wird. Es dauert nicht lange, so ist er nicht mehr imstande, Wahrheit vom Falschen zu unterscheiden. Diese Gruppe von Zellen kann aber dazu beeinflußt werden, falsche Behauptungen fallenzulassen und wahre und einwandfreie Feststellungen zu behalten. Man muß nur direkt zu ihnen sprechen. Verlange von ihnen, daß sie alle falschen und negativen Eigenschaften, Gedanken und Behauptungen aufgeben und bald kann man schon beobachten, daß in der eigenen Gedankenwelt nur wahre und konstruktive Feststellungen aufbewahrt werden, die natürlich ihre Wirkung auf euch und durch euch haben. Dann folgt das Gewahrwerden einer großen Gemütsruhe und ein festes Zielbewußtsein. Diese Zellen haben keine eigene Möglichkeit der Unterscheidung, sie müssen angewiesen werden. Ihr werdet sie aber sehr zugänglich und sehr willig finden, sich unterweisen oder von der Wahrheit beeinflussen zu lassen. Einige Menschen schienen wirklich aufzuglühen, als sie eine derartige Anwendung der Wahrheit bemerkten.

Hunderte von Billionen Zellen sind aufgerufen, das Rechte zur rechten Zeit und am richtigen Platz zu tun, und sie sind wahrlich zu jeder Zeit gehorsam, solange der Betreffende aufrichtig ist.

Das Leben der Menschen treibt voran, aufbauend, verbessernd, Neues und Besseres erschaffend, mit einem so unwiderstehlichen Antrieb und solcher Energie, wie sie bei den leblosen Dingen weder begriffen noch gefunden wird. Es wurde erkannt, daß es einen intelligenten Instinkt und eine anleitende Beeinflussung gibt, welche jede Zelle der menschlichen Gestalt durchdringt, wieweit sie sich auch von diesem göttlichen, leitenden Einfluß entfernt haben mag. Es ist unser Vorzug, sie unter diesem Einfluß zu sehen, ohne an das Äußerliche zu denken, oder an die Dinge, die sie unter hypnotischem Zwang halten. Wie wunderbar ist es, zu sehen, daß jemand, ja sogar alle, die unter diesem Zauber stehen, mit einer unendlich komplizierten Zellen-Struktur begabt sind, die man das „menschliche Gehirn" nennt. Dieses Gehirn vermag den Menschen und die ganze Menschheit zu den größten Höhen des Erreichbaren emporzutragen. Welch göttliches Vorrecht, die ganze Menschheit in diesem großen Bauwerk göttlicher Vernunft vereinigt zu sehen.

Unternehmt einen Versuch durch das ICH BIN der edlen Gottes-Seele und seht, wie sich die Fenster des Himmels öffnen werden und einen solchen Segen aussenden, daß sich jeder Ausdruck der Größe und Schönheit erfüllen wird. Alle, die getreu sind, mögen sagen: „GOTT, ICH BIN DAS WISSENDE PRINZIP ALLER DINGE". Es öffnet den Blick für den universellen Überfluß, an dem es nie mangelt. Versucht es im Wissen, daß der Erfolg euch gewiß sein muß. Gleich dem Elias, haltet den Becher hoch, bis er zum Überfließen gefüllt ist. Zweifelt nie an den Möglichkeiten der einen Vernunft. Sie ist jederzeit bereit, solche Wunder hervorzubringen, wenn sich der Mensch einfügt in die Vernunft Gottes.

Bis jetzt ist die Spur der Menschheit bis zu einer Million von Jahren wenigstens zurückverfolgt worden, so daß auch die Wissenschaftler zufriedengestellt sind, aber laßt uns sehen, daß diese Periode nur ein festgesetztes Minimum ist, denn der Mensch geht auf ein Alter zurück, welches jedes Verständnis weit übersteigt. Man kann leicht sehen, daß man diese Schau weiter ausdehnen kann, wenn man die Gottes-Vernunft, die eine Vernunft einschließt.

Damit verlieh man dem Menschen einen Hintergrund, ein Fundament, das ihm und der Göttlichen Vernunft treu geblieben ist. Wie schnell wird man in der Lage sein, den eigenen Denk-Prozeß mit der göttlichen Vernunft zu verbinden, indem man erklärt: „Gott, ich bin göttliche Vernunft." Zutreffend dann, wenn man ganz bestimmt weiß, daß diese Feststellung wahr ist und in Übereinstimmung mit dem göttlichen Gesetz und Prinzip steht.

In solcher Weise wird man bald gewahr, daß der Himmel ganz um uns herum ist. Nun ist Gelegenheit gegeben, zu begreifen, daß jedermann die gleiche Freiheit hat, wie wir selbst. Begreift nun auch, daß es keine Materie gab, bevor der Gedanke sie als Wirklichkeit darstellte. Denke daran, daß Materie niemals lächelt, niemals die Macht oder die Energie hat, sich selbst zu meistern oder über sich selbst zu herrschen, sie ist instinkt- und willenlos. Von allen anderen Substanzen ist sie entfernt.

Der Vogel sieht tatsächlich sein Flugziel und benötigt darum weder ein Instrument noch einen Führer; das Instrument ist genau im Innern, in den winzigen Gehirnzellen. Wieviel besser kann dieses gleiche Instrument euch führen, da es genauso in euren Gehirnzellen zu finden ist. Der Verstand steht unter direkter Kontrolle, sobald der Mensch weiß, daß er seine Verstandeskraft meistern kann. Der Vogel, auch wenn er Tausende von Meilen über Wasser fliegt, verirrt sich niemals.

Der Mensch besitzt die gleiche Sehkraft, aber er hat seine Fähigkeit verloren, indem er sie aus seiner Gedankenstruktur entließ. Aus der Göttlichen Vernunft geht nie etwas verloren. Das ist ein Grund dafür, daß sie des Menschen Eigentum ist, denn der Mensch ist ebenso göttlich wie die Vernunft. Darum wird er sich niemals von der Wahrheit entfernen oder nicht wissen, wie alles getan werden kann, sobald er sich wieder mit der Göttlichen Vernunft vereinigt hat.

Das Tier hat niemals Instinkt und Intuition verloren, aus dem einfachen Grunde, weil es nicht imstande ist, einen gegenteiligen Gedankenbau aufzustellen. Wenn ein Hund die Spur eines Menschen oder eines Tieres gefunden hat, dann ist er nicht fähig zu denken: „Kann ich das tun?" Folglich läuft er weiter auf der Spur, so lange, bis etwas geschieht, was die Fährte stört oder bis das Ziel erreicht ist.

Der Mensch kann viel mehr als die Tiere, aber er erlaubte sich, tiefer zu sinken als das Tier.

Mit seinem vollen Verständnis von der vollkommen aus-
gerüsteten Menschengestalt und dem richtigen Verständnis seiner
Einheit mit Gott und der Göttlichen Vernunft, ist der Mensch
leicht in der Lage, sich von einer Stellung zu einer anderen mit
unbegrenzter Schnelligkeit zu bewegen; dann ist auch sein Gehirn mit der wahren Vernunft erfüllt. Indem er all-sehend und
all-wissend mit der wahren Vernunft zusammenarbeitet, erreicht er augenblicklich jede Höhe; da sind keine schwierigen
Strecken, der Pfad ist klar, der Beweis wird mit Gewißheit
und Sicherheit offenbar.

Man kann die Hand ausstrecken und Gott fühlen. Leg deine
Hand auf deinen eigenen Körper und beide werdet ihr Gott
spüren und schauen.

Wenn man während der Tagesarbeit hundert oder tausend
Menschen begegnet ist, dann hat man Gott hundert oder tausend Male getroffen. Das mag sich jeden Tag wiederholen. Bleibe
Gott nahe, indem du ihn in jedem Lebewesen erkennst. Dann
wird dir Gott immer so nahe sein, daß du ihm niemals mehr
einen Platz in weit entfernten Himmelsräumen oder Tempel-
räumen zuzuweisen brauchst. Du wirst den Tempel finden, der
nicht von Menschenhand gemacht wurde. Du wirst auch einsehen, daß dein Körper der erste und größte Tempel ist, der
je gebaut wurde — der einzige Tempel, in dem Gott wohnt.
Dann sieh den siegreichen Christus und Gott-Menschen in diesem Tempel! Das ist das wirkliche Leben, das deinen Körper
erhält. Entfernst du daraus den Gott oder trennst du beide,
dann wird dein Körper sterben.

Der Mensch hat alle großen Tempel erbaut, die je auf dieser
Erde waren oder es noch sind, aber nie hat er diesen Körper-
Tempel nachahmen können. Er ist nicht nur das größte Laboratorium, das je gebaut wurde, er hat auch die Macht, sich selbst
zu produzieren.

Der Mensch hat seinen Körper in höchstem Maße geschädigt,
so weit, daß er ihn beim sogenannten Tode der Erde übergeben muß. Aber er steht triumphierend wieder auf.

Der Mensch ist in seiner Begrenzung nicht fähig, ein menschliches Auge herzustellen, aber hat er einmal jede Begrenzung überwunden, dann wird er ein Auge bauen können oder irgendeinen Teil des menschlichen Körpers erneuern, ja, so weit hin, bis er den Tod überwinden kann.

Es gibt eine Göttliche Intelligenz und ein Göttliches Prinzip, aber sie wurden nicht von einem einzelnen Wesen oder Menschen geschaffen. Sie wurden von Hunderten von Millionen Menschen, von einer großen Zivilisation realisiert. Dieser Gedanke wurde so dynamisch entwickelt, daß er jedes Atom des ganzen Universums und damit auch jedes Atom des menschlichen Körpers erfüllte mit seinem anleitenden Einfluß auf alle Dinge. Und er wurde mit solcher Macht herausentwickelt, daß er zur herrschenden Kraft der Vernunft wurde, die sich niemals ändert. So übertrug er ihre Macht auf jede Zelle der menschlichen Gestalt, und das Licht, daß diese Göttliche Intelligenz ausstrahlt, wurde der ersten Zelle übergeben, in einem Ausmaße, daß die Göttlichkeit seit Billionen von Jahren von einer Generation zur anderen überging, ohne daß das eigentliche Göttliche Bild in der Einheit mit dem Menschen sich geändert hätte. Es wird so Hunderte von Billionen Jahren weitergehen, denn es ist aufgestellt als unveränderliches Gesetz. Ein im Kosmos aufgestelltes Gesetz ist unveränderliches Gesetz, ist Herr und Meister zugleich, denn es gibt nur ein einziges Gesetz, einen Herrn über jede entwickelte Verstandes-Tätigkeit. Der Mensch hat die volle Kontrolle über das göttliche Gesetz.

Aus dieser großen Vernunfts-Aktion kamen Millionen von Friedensjahren völliger Sicherheit. Jeder war siegreicher Christus-König auf seinem Gebiete, aber auch williger Helfer und Mitarbeiter; kein Gedanke an das Selbst oder an selbstsüchtige Ziele, alles war gemeinsames Gut für alle, denn ein Überfluß an allen Dingen gehörte auch allen zum freien Gebrauch.

Dann begannen Gruppen, die freien Willen und freies Handeln beanspruchten, sich zurückzuziehen. Sie verlangten Änderungen. Sie wollten materielle Dinge kennenlernen und eher an sich selbst denken, als an die ganze Gruppe. So zogen sich alsbald immer größer Gruppen vom gemeinsamen Haushalt, wie man es zu jener Zeit nannte, zurück. Schließlich vereinigten die Gruppen der Abgewichenen sich und wurden in einem Maße größer, daß die Gedanken chaotisch wurden, bis die natürlichen Elemente in ein Chaos gerieten und in der Sonne eine große Eruption stattfand, die mindestens eine Million von Jahren andauerte.

In unregelmäßiger Reihenfolge erschienen die Planeten und Sterne unseres planetarischen Systems. Aber noch vor diesen chaotischen Zuständen hatte die Menschheit schon eine definitive Verstandes-Aktion bewirkt, daß das Chaos in so göttliches Gleichgewicht kam, daß eine göttliche und perfekte Ordnung jedem Planeten und Stern genau den Platz anwies, daß man mathematisch auf die Sekunde genau bestimmen konnte, wo sie sich befanden. Dieses Gleichgewicht ist so vollkommen, daß seit Billionen von Jahren keine Änderung darin geschah. Das weist sicher auf die Ewigkeit hin. Man kann also gut dieses vollkommene Gesetz, den Herrn in Aktion erkennen. Diese Ordnung ist entstanden durch eine große Zivilisation in der menschlichen Familie und durch ihren geeinten Willen, durch vollkommenes Verständnis für diese Zivilisation.

Diesem vollkommenen Verständnis wurde der Name *Gott* gegeben. Es war bekannt, daß das Wort im Ton der höchsten Schwingung ausgedrückt werden konnte, es wurde zum Anfang jeder Sprache gemacht. Am Anfang bedeutete das Wort keineswegs eine menschliche Form, sondern galt für das Göttliche Prinzip, das die ganze Menschheit aufgestellt hatte. Diese Rasse lebte im Himmel, denn für sie war der Himmel und ist es auch heute noch, das immer Göttliche Prinzip, die Harmonie in der menschlichen Art, die Vernunft: *Gott* geheißen. Dieses göttliche, gerechte und vollkommene Gesetz, oder DER HERR, herrscht im ganzen Universum. Ihr seht es im ganzen Sonnensystem, aber wir wissen, daß es genauso positiv ist im ganzen Menschenreich und ebenso im Mineral-, Pflanzen- und Tierreich.

Während dieser chaotischen Störung gingen fast alle, die sich von der großen Gruppe entfernt hatten, zugrunde. Diejenigen, die übrigblieben, waren gezwungen, in Höhlen und wo immer sie Schutz finden mochten, Zuflucht zu suchen. Die Nahrung wurde spärlich und gerade dieser Mangel an Nahrung führte dazu, daß ein großer Teil von ihnen Menschenfresser wurden. Diese Zustände, die sie über sich selbst gebracht hatten und die sie nicht nur von der großen Gemeinschaft abtrennten, sondern auch unter sich selbst, zwangen sie dazu, Stämme zu bilden, um existieren zu können. Es führte dazu, daß sie all ihr einstiges Wissen vergaßen und zu Nomaden wurden. Dies waren die Vorfahren jener Rasse, die man die „materielle" nennt. Wenn andererseits auch diese Abtrennung sich schon vor mehr als einer Million von Jahren vollzog, so bleibt doch immer etwas, was man Halb-Instinkt nennen mag, der sie spüren ließ, daß sie einmal ein Teil des göttlichen Plans gewesen sind. Manche von ihnen treten heute furchtlos auf, bekennen frei ihr Recht des Herrschertums, und etliche von ihnen sind auf einem Punkt angelangt, wo sie von jeder Bindung völlig frei sind.

Diejenigen, die zusammenhielten in der großen Gruppe, gingen durch all diese chaotischen Veränderungen hindurch, in völligem Frieden und in Fassung, ohne die Göttlichkeit zu verlieren. Sie wußten wohl, daß diese Göttlichkeit ihnen nie weggenommen werden konnte. Bei alledem verlangten sie keine Ausnahmestellung, noch wünschten sie irgendein Vorrecht von dem, was alle benötigten.

Während der Zeitperiode, da diese große Zivilisation auf dieser Erde herrschte, waren die großen Länder und auch die Meere ganz im Frieden. Es gab keine Unruhe auf dem Land und auf der See, die Winde waren sanft und belebend, und alle Leute wanderten ganz nach Willen und Wunsch, wohin sie wollten. Es gab keine Gerichte, keine Beschwerde, keine Begrenzung von Zeit und Raum. Man dachte im Sinne der Ewigkeit. Alle Gedanken und Worte wurden als göttliche Vorschrift geäußert und zu einem so definitiven Zweck, daß sie als Vorschriften des göttlichen Verstandes aufbewahrt und festgehalten wurden. Sie wurden zur Grundlage und zum Bollwerk eines großen Reservoirs, aus dem man jeden Vorrat schöpfte, für jede Handlung, für alle Unternehmungen. So hatte der Mensch einen universellen Vorrat zu jedem Unternehmen, für jedes Vollenden. Denn die ganze Menschheit wurde als Gott-Mensch betrachtet, und die Trinität, die Vollendung, der Brennpunkt war Gott, der siegreiche Christus, der Gott-Mensch, die Trinität, in allem vollständig.

Es gab kein negatives Wort in der Sprache, und auch kein Wort für Vergangenheit, noch ein Wort für Zukunft, alles war hier und jetzt und ganz vollendet. Alle die Errungenschaften, um die die Menschheit heute kämpft, um wieder in jenen hohen Zustand zu gelangen, sind von jener höheren Zivilisation erreicht worden. Alle diese Errungenschaften sind in Urkunden aufbewahrt und für die Menschheit zugänglich, sobald sie über dieses sogenannte materielle Zeitalter hinausschauen wird, mit seinem Wirrwarr von verschiedensten Vorschriften und persönlichen Vorzügen. Alle diese Errungenschaften sind vollendet und voll aufbewahrt im großen Vorratshaus der universellen Vernunft-Substanz. Sie können von der Menschheit zurückverlangt werden, sobald sie dem Geschrei jener ein Ende macht, die durch ihren Eigenwillen die Kalamitäten hervorriefen. Die größte Hoffnung weist auf die zukünftige Generation hin. Es wird ganz deutlich, daß die jüngere Generation physisch, mental und auch mechanisch von bester Art ist. Was noch fehlt, sind Höflichkeit und Urteilskraft, durch Erfahrung geläutert. Diese Eigenschaften werden Reife schenken. Der beste Ersatz und der beste Führer ist die Gewohnheit, denn eine gute Gewohnheit sich anzueignen ist ebenso leicht, wie es schwer ist, eine falsche Gewohnheit abzulegen. Für jene, die die Überlebenden aus jener großen Zivilisation sind, ist es ein klar organisierter Gedanke, daß auch wenn während diesen großen chaotischen Störungen jedes Individuum umgekommen wäre, die Vorschriften doch so definitiv ausgedacht und so sorgfältig in der universel-

len Verstandeskraft festgehalten worden wären, daß gar
nichts verlorengegangen wäre. Es ist wohl bekannt, daß jedes
positive Wort, ausgesprochen in seinem wahren Sinn und in
vorherbestimmter Absicht, in der göttlichen Vernunft-Substanz, die wir Gottes Vernunft nennen, so vollständig und
intelligent aufbewahrt ist, einschließlich Ton und Handlung,
daß es zurückgerufen und photographische Aufnahmen von
ihm gemacht werden können, so genau, daß von jedermann
alle diese Begebenheiten gesehen und gehört werden
können.

Es ist auch wohl bekannt, daß ein Teil dieser großen Zivilisation noch existiert und ihre Identität bewahrt. Obschon sie
sich mehr oder weniger zurückgezogen haben, erwarten sie die
nicht allzuferne Zeit, da sie auftreten und ihre Identität be-
kanntmachen können. Es ist nunmehr mitgeteilt worden, daß
diese Zeit kommen wird, sobald genug Menschen ihre vor-
gefaßten Ideen von einem persönlichen Gott oder einer großen Wesenheit außerhalb ihres Selbstes fallengelassen und die
Trinität Gottes — den siegreichen Christus und Gottmenschen
in allem — erfaßt haben, so daß diese Trinität durch und von
aller Menschheit hervorgebracht werden kann.

Diese Urkunden können in keiner Weise abgeändert oder
verfälscht werden, noch kann die sogenannte Zeit sie ändern.
Sie sind keine Wunder oder übermenschlichen Erlebnisse. Es
sind natürliche, festgestellte Bedingungen, Zustände. Sie gehören tatsächlich zum gleichen Gesetz, welches das Ganze der
planetarischen Systeme des Universums beherrscht. Das Wunder dabei ist, daß dieses Gesetz und seine Einflüsse lauter
reden, als alle Worte, die dem Menschen möglich sind. Die
große Schönheit und Reinheit von alledem ist, daß es keineswegs eine dominierende oder übernatürliche Rasse war; genauso wie du und ich es heute sind, im gleichen Bildnis und gleicher Ähnlichkeit, der gleiche und alleinige Gott! Laßt uns alle
miteinander diesen großen, edlen Gott-Menschen verehren,
in allem zuerst Gott finden, dann den siegreichen Christus in
jedem Antlitz sehen, alle im Gott-Menschen eins sein und wis-

sen, daß jedes Bildnis, das außerhalb des Menschen aufgestellt wird, nur ein Idol mit tönernen Füßen ist, welches mit *einem* gesprochenen Wort zerbrochen werden kann. So kann alle Wissenschaft und alle Religion mit dem gleichen Kleid umhüllt werden, aus dem gleichen Urquell stammend, aus der einen Wahrheit. Wahrheit ist das Gesetz aller Wissenschaft. Wenn der Mensch an Göttlichkeit denkt, richtet er in sich selbst Göttlichkeit auf und trägt bei zum großen Vorrat an Kosmischer Energie und Kraft, der Kraft, die in sich selbst zur Macht wird. Ihr seid imstande, eine ebensolche Kraft zu entwickeln, ihr immer weiteres hinzuzufügen und sie zu einem erhöhten Grad der Betätigung zu steigern. Millionen bestärken schon dauernd diese Kraft, und wenn ihr es wünscht, könnt ihr es zusammen mit ihnen tun.

Fragen und Antworten

Frage: Woher kommen die inspirierten Ideen?

Antwort: Die Welt der Ideen ist ganz um euch herum. Ihr mögt irgendeine der verschiedenen Auffassungen über die Bedeutung inspiratorischer Ideen teilen. Die meisten sogenannten inspiratorischen Ideen sind ein gefühlsmäßiger Ausdruck, der weiter keine Bedeutung hat, als eben diejenige eines tiefen Gefühls. Andere inspiratorische Ideen sind jene Blitze klarer Einsicht, die es uns ermöglichen, in Momenten großer Gefahr weise zu handeln. Möglicherweise hat der Fragesteller jene Gedankentiefe im Sinn, welche Philosophen und Heilige mit ihren Disziplinen erreichen. Dies ist das richtige bewußte Einatmen des universellen Weisheits-Geistes, der allen Raum durchflutet.

Frage: Wie bekommen wir inspiratorische Ideen?

Antwort: Wir bringen sie in gewissem Sinn in uns selbst hervor, wenn wir unseren Körper dazu erziehen, als Kanal für die Ströme zu dienen, die wir universelle Vernunft nennen, und die diese eine Kraft so umwandeln, daß sie die universellen Gesetze vermittelt, welche sich in der Verschiedenheit der Begebenheit ausdrücken.

Frage: Warum scheint es uns, daß Ideen von Quellen außerhalb unseres Selbsts herkommen?

Antwort: In unserem gegenwärtigen Entwicklungszustand sind wir nicht dazu bereit, die Quelle aller Kräfte zu verstehen, die in uns wirksam ist. Das Leben ist eine universelle Kraft, die wir im lebenden Gewebe

erkennen, aber wir wissen nicht, wo das Leben herkommt, noch wohin es geht, wenn es unseren Körper verläßt. Elektrizität wird täglich angewandt.
Wir wissen, daß man sie erzeugen kann, aber wir
wissen nicht, wo sie herkommt. Gedanken zu be-
schreiben, als eine in einer Idee ausgedrückte Kraft,
ist vielleicht weniger überzeugend, aber die Analo-
gie ist deutlich. Wir denken aber, die Quelle der
Energie sei verborgen; doch wissen wir, daß wir die
Denkkraft steigern und ihre Wirksamkeit stärken
können. Ist es also ein Wunder, daß der Alltags-
Verstand verwirrt ist, wenn man sagt, daß Gedanken aus unserem Innern kommen? Sicherlich scheint
es so, als ob sie von außen herkommen müßten;
aber so ist es mit der Elektrizität und mit dem
Leben. Trefft gewisse Vorbereitungen, und Leben
und elektromotive Kraft sind bereit für euch. Bereitet das Denken vor, und ebenso sicher werden
inspiratorische Ideen in euch aufsteigen!

Frage: Wie ist Ihre Einstellung gegenüber den aufregen-
den sozialen Zuständen?

Antwort: Ich schenke ihnen gar keine Energie. Wenn wir die
Energie zurückziehen würden, die wir an unser
Denken über aufregende Zustände verschwenden,
und diese Energie statt dessen für den Aufbau unserer körperlichen Zustände verwenden wollten,
könnten wir augenblicklich jeden anderen Zustand
korrigieren.

Kapitel V

Das Göttliche Vorbild

Ich komme nun auf den Gegenstand zu sprechen, was einer Person durch das Denken möglich ist. Unsere Erlebnisse in dieser Hinsicht waren zur Zeit unserer Expedition in Tibet und in Indien sehr bedeutend, auch in der Mongolei, und wir beobachteten, welche Möglichkeiten jemand hat, nicht nur sich selbst, sondern eine ganze Rasse zu schützen.

Das mag ein ungeheures Unternehmen scheinen, doch wenn wir zurückgehen auf das Leben Jesu und begreifen, was Er für die Menschheit getan hat und auch heute tut, sind wir besser in der Lage, es zu begreifen und anzuerkennen. Seine Lehren haben seit 2000 Jahren nie aufgehört. Sie sind weitergegangen, immerfort, und sind heute noch so lebendig, wie sie es damals waren.

Ich habe von den Meistern gesprochen, wie sie auf dem Wasser standen, und von den beiden Schülern, die zu ihnen hinausgingen. Das ist eine große Lehre der Demonstration. Sie zeigt, wie man die natürlichen Kräfte beherrschen und sie benützen kann. Es braucht nicht das Gehen auf dem Wasser zu sein, aber sobald wir den objektiven Zustand verlassen, in welchem wir zu versinken drohen, und uns in den subjektiven Zustand versetzen, können wir diese Kraft vollkommen für das Wohlbefinden des Körpers anwenden. Da sind wir keiner Veränderung unterworfen. Die Veränderung bezieht sich nur auf den sich verändernden Gegenstand. Das Selbst ändert sich nie. Der Geist ändert sich nie, in keiner Weise. Das grundlegende Prinzip bleibt sich immer gleich.

Wenn wir stets auf dieses grundlegende Prinzip gerichtet bleiben, werden wir zu diesem Prinzip. Manche mögen denken, das würde uns in einen statischen Zustand hineinführen. Wie wäre das möglich? Gerade mit einer solchen Einstellung werden wir fähig, vorwärtszukommen, und gehen dann immer weiter, ohne Veränderung, außer im Erreichen einer bestimmten Linie, mit genauem Wissen, von dem, was wir erreichen, nicht nur, was wir erreichen möchten.

Wenn wir jederzeit mit dieser Einstellung des Denkens leben, und das Denken immer in unserer Gewalt haben, können wir uns nicht ändern. Es ist beständig im Fortschritt. Es erhält uns bis ins hohe Alter in einem wachen Zustand.

Altwerden ist objektiv. Wir führen es selbst herbei. Aber ist es notwendig? Gar nicht. Nehmen wir an, wir könnten in den Weltraum reisen, in eine genügende Distanz, die uns vollkommen von der Erde entfernt. Dort gibt es keine Zeit. Nehmen wir an, wir bleiben hundert Jahre lang dort, nach unserer Zeitrechnung. Wir wären nicht älter. Dieser gleiche Zustand kann auch auf der Erde erreicht werden. Er ist tatsächlich hier. Weder Zeit noch Raum widersetzen sich unserem Entschluß. Medizinische Gelehrte sagen uns, daß kein Körper existiert, der über neun Monate alt ist. Wir sind nur einer Wandlung unterworfen, die wir uns selbst auferlegen. Uns gehört die Jugend. Wenn dieser vollkommene Zustand nicht existieren würde, könnten wir niemals jung sein. Wäre die Jugend nicht jederzeit im Vordergrund, so bestünde nichts Jugendliches. Wäre Jugend nicht unserem Willen unterworfen, wären wir alle alt.

Machen wir also Alter zum Gegenstand unseres Willens. Ein Kind wird geboren. Die Eltern haben für das Kind siebzig Jahre im Sinn. Das Kind wird dem Gedanken der Eltern unterworfen. Wir geben dem Kinde nicht einmal die Möglichkeit, seine Zukunft in eigenem Sinne vorzubereiten. Wir übertragen die Todes-Idee auf das Kind. Der Hindu sagt, dreißig und zehn Jahre sei die Zeit, während der man seine Reife erlange, von da an fange man zu wirken an. Von dort aus kann man weitergehen, ohne daß eine Grenze gesetzt wird. Jugend ist völlig der eigenen Entscheidung unterstellt.

Es wird gesagt, daß man bei allem Erfolg haben kann, was man unternimmt. Wenn wir einen Fehlschlag erleiden, machen wir auch daraus einen Erfolg. Ist es Vollkommenes, was wir unternehmen, machen wir auch daraus Erfolg. Wieviel besser ist es, Vollkommenes anzufangen, als Unvollkommenes! Und wenn wir weiter nichts unternehmen, als einem Nachbarn zu helfen, ist es weit besser, ihm Vollkommenheit zu zeigen, als Unvollkommenheit. Wir würden viel mehr vom Leben haben, und es würde uns keinen Pfennig kosten. Es kostet weiter nichts, als ihn mit einem Lächeln zu grüßen. Biete ihm Liebe an, und die Vollkommenheit wird Schritt halten. Denken wir an eine Versammlung mit genau dieser Idee als Vorsatz — Jugend, Schönheit, Lauterkeit und Vollkommenheit! Wird es uns irgend etwas kosten, nach diesem Ideal zu leben? Wenn diese Ideale allezeit vor uns stünden, würden sich unsere Umstände im Laufe einer Woche ändern. Wir haben es in einem einzigen Augenblick vorgeführt gesehen. Sagt Jesus nicht: *Wenn dein Auge nur auf ETWAS gerichtet ist, ist dein ganzer Körper voller Licht.* Es ist heute unmöglich, die ursprüngliche Lehre Jesu zu studieren und etwas zu finden, was sich auf die Zukunft bezieht. Er gab den Menschen als höchstes Ziel, das Denken auf einen Gegenstand zu richten. Und dieser Gegenstand ist Vollendung. Wir haben zugesehen, wie ein einziger Mensch einen Zustand herbeiführte, in dem ihn niemand berühren konnte. Er war gar kein sogenannter Meister. Er war ein Sioux-Indianer, und es geschah sogar hier in diesem Lande. Wir wissen, daß es den Indianern gelingt, eine Linie um ihre Dörfer zu ziehen, so daß niemand mit Haß im Herzen hineinkommen kann. Zweimal wurde es versucht, und beide Male endete der Versuch mit Schrecken.

Jesus sagte: „Wenn ihr einander liebet, seid ihr untergetaucht in Liebe. „Er bezeichnete Liebe als eine der größten Mächte. Wenn wir unsere Kraft nach anderen Richtungen leiten, gelangen wir in einen Zustand der Wirrnis. Er sagte, ihr seid Herrscher über Himmel und Erde, und über alles, was darin ist. Gibt es da Begrenzungen? Er sah, daß der Mensch von seinen Möglichkeiten noch nicht Besitz ergriffen hat. Er zeigte der Menschheit das Grenzenlose.

Wenn ein einziges Atom in einem Körper nicht an seinem Platz ist, kann dieser Körper nicht weiterexistieren. Nehmt ein einziges Atom von seinem Platz und das ganze Universum würde explodieren. Jesus wies auf diese Zustände in einfacher, gerader Art hin.

Seine ursprünglichen Worte waren vollkommen einfach. Er stellte das Ideal so bestimmt hin als „Gott". Heute weiß man, daß die Vibrations-Wirkung dieses Wortes uns ganz heraus hebt aus dem hypnotischen Zustand, in den wir unsere Körper versetzen. Wenn wir die Energie, die wir auf diesen Zustand verlegen, auf Gott hinwenden würden, würden wir einen Zustand so definitiv erstellen, daß er nie verlorenginge.

Aber die meisten von uns schauen aus vom Zentralpunkt und erlauben den Gedanken, sich zu zerstreuen. Der Blick Jesu war auf einen einzigen Punkt gerichtet, auf den subjektiven Zustand, der sich nie ändert. Der Gegenstand ändert sich, nie aber die Wahrheit. Wenn wir umkehren würden und unsere ganze Energie auf diese einzig gerichtete Einstellung wenden würden, so würden unsere Körper Licht ausstrahlen. Wenn wir einen Raum betreten würden, würde er sich erhellen. Wir haben dies manchmal gesehen. Es ist kein Phänomen. Es kann photographiert werden, und Phänomene kann man nicht photographieren. Wir können uns von den unsicheren Zuständen abwenden, in welchen zu leben wir beschlossen haben, und in eine höhere Lebensbedingung eintreten. Man braucht nicht mehr Zeit dafür, als das Aufnehmen eines Gedankens. Sobald wir unser Denken auf die Wahrheit oder den Gott gerichtet haben, gehört sie uns an, und wir sind tatsächlich eins mit ihr.

Wir brauchen keine Lehren. Lehren machen uns nur bewußt.

Ja, sie haben Macht, aber wir können mehr Energie auf eine Lehre wenden, als auf ihren Sinn. Es bedurfte nicht mehr, als eine einzige Vorführung für die beiden Schüler, ehe sie vortraten, hingingen und mit dem Lehrer auf dem Wasser standen, während die andern noch am Ufer waren. Es gibt viele, die am Ufer stehenbleiben, weil sie sich nicht zu einer anderen Auffassung entschließen können. Es würde gleich viel an Energie bedürfen für sie, sofort auf dem Wasser zu gehen, wie sie für ihre Unsicherheit benötigen. Man muß sich nicht vom Platz bewegen, um zu lernen, wie man auf dem Wasser geht. Ebensowenig muß man von hier weggehen, um irgendeiner Belehrung willen. Es gibt nur eine einzige Vorschrift, und sie ist inwendig in uns selbst. Wir können sie nicht ändern. Es macht nichts aus, wie lange wir uns von ihr fernhalten. Wenn man sich zum Licht hinwendet, findet man sich als Licht. War es nötig für Jesus, dem Licht entgegenzugehen? Er WAR das Licht. Es ist, wie er erklärte, das Licht der Wahrheit, das Licht der Liebe, das Licht Gottes.

Jesus gab sich mit keinem Gedanken ab, der nichts mit dem Prinzip gemeinsam hatte. Mit dieser Einstellung können wir alle den gleichen einfachen Weg gehen. Leute, die auf diese einfache Art leben, verlangen nichts von anderen, sondern nehmen alles aus sich selbst. Das wurde sogar bis auf das Nahrungsbedürfnis und jedes andere Lebensbedürfnis angewendet. Der einzige Unterschied zwischen ihnen und dem übrigen Teil der Menschheit liegt nur darin, daß sie ihrer Vision viel weiteren Spielraum geben. Jedermann kann das an sich selbst versuchen. Wenn man es einmal ausgearbeitet hat, hat man die Lehre erfaßt. Man befolgt seinen eigenen Weg und dann weiß man. Richtungen mögen angegeben und Wege gezeigt sein, aber unseren eigenen Weg werden wir nur dann beenden, wenn wir ihn aus eigenem Antrieb gehen. Wenn wir auf andere schauen, verleihen wir dem Energie und Triebkraft, was ein anderer tut, während wir aus unserem eigenen Körper diese Energie abgeben. Sobald wir unseren eigenen Weg verfolgen, schenken wir unserem Körper mehr Energie und haben noch Überfluß. Das führt einen für jedermann hilfreichen Zustand herbei. Man muß nicht auf den Gedanken eines anderen aufbauen. Bauen wir unser Denken auf universellen Lebensbedingungen auf, die der ganzen Menschheit dienlich sind!

Es wird gesagt, niemand könne eine Neuerung herbeiführen, die keinen Wert für die ganze Rasse habe. Es ist die Energie, die wir anwenden, und die einer großen, der Menschheit voranhelfenden Gedankenrichtung dient. Das geschieht nicht, wenn man auf andere Leute sieht, sondern nur, wenn man auf eigener Grundlage aufbaut. Dann steht uns die ganze Energie des Universums zur Verfügung.

Alles, was wir im Namen Gottes in dieser gedanklichen Geschwindigkeit denken, gehört uns. Das bezieht sich auf jedes Bedürfnis, alles Wissen, alle Lauterkeit, alle Vollkommenheit, alles Gute.

Man kann diese Herrschaft erlangen, sobald man das ganze Denken auf die Tatsache richtet, daß Göttlichkeit schon in uns feststeht. Wisse zu jeder Zeit, daß Göttlichkeit nicht anderswo ist, als inwendig in uns, daß sie allezeit in uns gewesen ist, daß wir sie nur durch unsere gegenteiligen Gedanken verdunkelt und damit aus unserem Bewußtsein ausgeschlossen haben.

Sprich mit der Gottheit in deinem Innern. Sage ihr, du wissest, daß sie da ist und du nunmehr vollkommen ihrer Gegenwart bewußt seist. Bitte sie, sich bemerkbar zu machen und herrschende Tatsache in deinem Leben zu werden. „Ich lasse nun aus meinem Leben alle gegensätzlichen Gedanken fallen. Ich bin dankbar, daß Göttlichkeit jetzt in meinem ganzen Wesen feststeht."

Beschließe, daß du nicht mehr ein Tier sein willst, — daß dein ganzer Körper nunmehr so lauter ist, daß die heilige Gegenwart des lebendigen Gottes von diesem Körper-Tempel völlig Besitz ergriffen hat und nun in richtiger Machtstellung steht. Behalte diesen Gedanken allezeit im Sinn!

Dann sage: „Ich weiß nun, daß Glückseligkeit und Freude hervorgehen aus dem Einswerden der Seele mit dem lebendigen Christus und daß Glückseligkeit und Freude nunmehr in aller

Ewigkeit in mir wohnen. Ich weiß, daß die Gegenwart des lebendigen Christus in mir vollkommen feststeht. Ich bin die ursprüngliche Reinheit des Christus." Halte diese Feststellung allezeit in deinem unterbewußten oder subjektiven Denken und du wirst bald erleben, daß durch die Gegenwart des lebendigen Christus Freude und Befriedigung immer dein Eigentum gewesen sind.

Bald wirst du bemerken, daß du mentale Kräfte aufbaust, die alle gegenteiligen Gedanken, Gefühle und Handlungen ersetzen. Du bildest eine Triebkraft reiner Gedanken, die unwiderstehlich sind und deine ganze Welt beherrschen. Die rechte Zeit, diesen geistigen und heiligen Tempel in uns zu stärken, ist, wenn wir mit unserer Seele in Frieden sind. Auf diese Weise erziehen wir den subjektiven Verstand dazu, nichts anderes hervorzubringen, als göttliche Inspiration. Das sinkt tief hinein in unser Bewußtsein und wirkt während jeder Stunde, in der wir schlafen, weiter. Wenn wir in unserem Denken oder Handeln einen schwachen Punkt finden, ist es gut, den Willen in volle Auswirkung zu bringen, um solche Risse in unserer Struktur zu festigen und uns widerstandsfähiger zu machen. Bald lernen wir, wie von selbst, gegensätzliche Gedanken zu überwinden, um in unserer Welt nur Gottes-Gedanken und Gottes-Gefühle zu dulden. Dann haben wir in Wahrheit unsere Gedanken- und Gefühlsarmeen so in der Gewalt, daß Gott allein in uns wohnen wird. Es ist der Grad absoluter Meisterschaft, wenn man die Fähigkeit erlangt, das Göttliche Prinzip zu offenbaren. Das ist die Grundlage absoluter Macht des Geistes.

Ihr werdet sehen, daß es sich lohnt, dies zu eurem Lebenswerk zu machen. Ihr werdet nun das Heraufdämmern des neuen Tages sehen und ein tieferes Verständnis des Gesetzes kennenlernen.

Es gibt keinen wirksameren Weg, den Verstand und die Widerspruchswelt zu befreien, als den, positiv zu wissen, daß unser ganzer Verstand und unser Körper der Tempel des lebendigen Gottes ist. Man kann diese Feststellung auch im

Wissen anwenden, daß durch den stillen, aber weitreichenden Einfluß des Gottes-Gedankens die ganze Menschheit, tatsächlich das ganze Universum mit jedem konstruktiven Gedanken, Gefühl und gesprochenen Wort von uns gestärkt und gehoben wird. Je mehr ihr an die unsterbliche Liebe Gottes denkt, um so mehr offenbart sich die Erleuchtung der Menschheit. So könnt ihr einsehen und bis zu einem gewissen Grade verstehen, was für ein riesiger Vorzug, welche Möglichkeit euch gegeben ist, bei der Erhebung und Erleuchtung der Menschheit mitzuhelfen. Und mehr noch — es ist eure Verantwortung und eure Lebenspflicht, das Negative aus der Welt des Menschen zu entfernen oder zu erlösen. Einer der erfolgreichsten Wege dazu liegt darin, Negatives nicht zu bemerken, nicht zu hören, noch anzuerkennen, sondern allezeit Gottes Liebe überall hin- und zu jedermann auszusenden. Wisse sicher, daß „der heilige Geist des siegreichen Christus alle Uneinigkeit überwindet".

Wisse jederzeit, daß dein Wille der Wille Gottes ist, und daß in jedem Augenblick Gott durch dich wirkt! Jeder Gedanke, den du mit diesem Meister-Gedenken bestärkst, bestärkt deine Willenskraft, und deine Willenskraft wird so stark, daß sogar dein Gedanke unwiderstehlich wird. Tue das, erwarte Erfolg, und nichts kann dir widerstehen!

Die andauernde tägliche Anwendung von so starken, positiven Worten und Gedanken, mit großer Intensität wiederholt, weckt schlafende Gehirnzellen auf, und bald wirst du merken, daß du in voller Gewalt der Herr bist.

Erziehe Willen und Wort immer und bei jeder Gelegenheit und du wirst Meister deiner Gedanken. Du wirst nicht länger den negativen Bedingungen um dich herum unterworfen bleiben. Getreu in wenigen Dingen, wirst du Meister über alle.

Erschaffe durch dein Wort die Lebensbedingung, die von rechtswegen dir gehört und du wirst Herr und Meister über alle.

Die Physiologen sagen heute, daß die Zellen, aus denen unser Körper zusammengesetzt ist, imstande sind, Eindrücke aufzunehmen und sie auf das ganze Zell-System des menschlichen

Körpers zu übertragen, auch Eindrücke in Erinnerung zurück-
zurufen, Eindrücke zu vergleichen und zu beurteilen, zu wählen zwischen guten und unvollkommenen Eindrücken.

Ferner ist man darüber einig, daß der subjektive oder unterbewußte Verstand die gemeinsame Energie und Intelligenz
aller Körperzellen ist. Wenn ausschließlich göttliche Eindrücke aufgenommen werden, werden alle anderen Zellen wieder der Göttlichkeit gewahr und die Göttlichkeit wird wieder-
um jeder Zelle des Menschen zugebracht. Wäre dies nicht wirklich so, dann könnte keine Photographie der menschlichen
Form aufgenommen werden.

Wird diese Tatsache einmal einem jeden bewußt, dann
stimmt die Willenskraft jeder Zelle zu und paßt sich in Harmonie dem Willen des Organs oder Zentrums an, zu dem sie
gehört und dem sie sich anfügt. Sie wird zur Willenskraft aller
Zellen, aus denen das Organ oder Zentrum sich zusammen-
setzt, sie wird zum zentralen Willen im ganzen Organismus
des Körpers. Wird dann das Wort „ICH BIN" gesprochen,
so teilt es sich der ganzen Körperform mit. Darüber hinaus
schenkt es dem nachfolgenden Wort größere Macht, „ICH
BIN GOTTESKRAFT, ICH BIN ÜBERFLUSS" und dem
Wort, „DURCH DIESES WORT DER MACHT WERDE
ICH FREI VON JEDER BEGRENZUNG".

Fragen und Antworten.

Frage: Wollen Sie uns erklären, was Sie unter „Gott" verstehen?

Antwort: Gott ist das Prinzip, dem wir angehören. Man kann Gott nicht definieren. Sobald man ihn zu definieren versucht, steht er über der Definition. Eine Definition ist nur ein Versuch, Gott in eine Art Maß des menschlichen Intellekts hineinzupressen.

Frage: Man wendet das Wort Gott, oder Geist, oder Prinzip an, welches ist das Beste?

Antwort: Das größte Wort ist *Gott*. Mit diesem Wort kann man keinen hypnotischen Zustand herbeiführen. Mit anderen Worten kann man das. Wenn man sich direkt nur einem Punkt zuwendet, gelangt man zum Höchsterreichbaren. Man kann das Wort „Gott" nie zu oft anwenden.

Frage: Sie haben gesagt, Jesus sehe das Goldene Licht. Bedeutet das die höchste Einstellung?

Antwort: Wir wissen es nicht. Es war viel höher, als irgend etwas von objektiver Natur. Nichts weniger Hohes kann es durchdringen.

Frage: Welche Methode sollte für die Verbindung mit der göttlichen Macht angewendet werden?

Antwort: Es gibt keine festgelegte Formel. Wenn wir danach ausschauen, ist das Gesetz da, wo wir gerade sind. Sobald wir uns mit dem Gesetz definitiv in Einklang setzen, öffnet sich das ganze Universum vor uns. Wenn das Universum vor uns offensteht, und wir alle Bedingungen sehen, offenbaren wir uns unter dem Gesetz und werden eins mit ihm. Das geschieht einzig und allein, indem wir w i s s e n , daß wir eins sind mit ihm, und nie zweifeln oder der Furcht gestatten, sich auszubreiten.

Frage: Ist die westliche Welt bereit, diese Dinge anzuerkennen?

Antwort: Die westliche Welt bereitet sich dafür vor, und die Vorbereitung geht so rasch vor sich, daß niemand davon ausgeschlossen werden kann. Nur die Menschen selbst schließen sich aus. Wir bereiten das Feld vor, wenn wir das Verständnis offenhalten. Das Feld kann ausgedehnt werden, bis es das ganze Universum einschließt. Das Universum unseres Körpers ist eins mit dem universellen Ganzen, zu jeder Zeit, und es liegt nur an uns, mit dem universellen Ganzen eins zu werden.

Frage: Wie soll man entscheiden, welcherart Gedanken man aussenden sollte?

Antwort: Wenn wir nicht imstande sind, zu unterscheiden, müssen wir, so gut wir können, Liebe aussenden und uns nicht erlauben, etwas anderes auszusenden. Das wird Harmonie für uns zur Folge haben. Jesus hat die Liebe über alles andere gesetzt.

Frage: Wie kommt es, daß immer wieder ein Avatar auf die Erde gesandt wird?

Antwort: Was zur Wahl eines Avatars führt, ist die Möglichkeit, einem Prinzip Ausdruck zu geben. Diese Person lebt nur dem Prinzip getreu. Der Lebensweg, den er wählt, das Leben, das er führt, wird zum Weg für alle.

Frage: Ist sein Erscheinen und Wieder-Erscheinen abhängig von irgendeiner Entwicklung auf der Erde?

Antwort: Nein, er übertrifft jede Entwicklung und ist eins mit dem Geist.

Kapitel VI

Wisse, daß du weißt!

Man hat mich gebeten, über Heilmethoden zu sprechen. In Wirklichkeit können wir uns nur selbst heilen. Hier kommt ein wichtiger Faktor hinzu — sobald man in allem und jedem die Göttlichkeit oder Gott sieht, haben Gott und du das Übergewicht. Gott (oder das göttliche Prinzip) weiß nichts von Unvollkommenheit. Wir wissen heute, daß es diese Göttlichkeit ist, die sich an den Heilstätten der ganzen Welt bekundet. Wenn die Menschen Heilstätten aufsuchen, wenden sie ihre Gedanken ausschließlich auf die Erlangung und Vervollkommnung ihrer Gesundheit. Sie nehmen die Ausstrahlung in sich auf, die der Stätte zu eigen ist; und die Heilung findet statt.

Wir können dies durch Photographien beweisen. Ein ausgezeichneter Arzt aus einer unserer großen Städte arbeitete mit uns. Er bat seine Kollegen, ihm Fälle mit bestimmten Krankheiten zu schicken, die von medizinischen Gesellschaften nicht geheilt werden konnten, ebenso die Röntgenbilder und Tabellen.

Die angewendete Kamera zeigt, wo sich die kranken Körperstellen befinden. Da, wo noch Leben und Gesundheit vorhanden ist, zeigt der Film der Körperdurchleuchtung ein klares Licht. Wir haben Patienten unter der Kamera gehabt, deren

Licht dreißig Fuß weit vom Körper ausstrahlte. Kein einziger von den 98 bearbeiteten Fällen blieb länger als drei Minuten unter der Kamera. Danach war er geheilt und ging fort.

Alles, was wir taten, war, daß wir ihm sagten: „Du legst nun deine ganze Aufmerksamkeit auf die dunklen Stellen. Du schenkst gar keine Aufmerksamkeit dem Licht und den klaren Stellen, von denen das Licht ausgeht. Wende dich dann völlig von den dunklen Stellen ab. Richte deine ganze Aufmerksamkeit, dein ganzes Denken auf das Licht." Jeder einzelne unter den 98 Fällen, die alle auf Tragbahren hergebracht wurden, ging vollkommen geheilt fort. Ist das nicht ein Beweis, daß man sich selbst heilt? Man nimmt sich selbst in Behandlung, und das sei absolut.

Wenn wir dieser positiven Worte eingedenk bleiben würden, dann könnten wir bald sehen, daß es keine Krankheiten mehr gibt. Man hat eine bestimmte Krankheit mit Namen festgestellt und wir wiederholen nun diesen Namen immer und immer wieder. Dann sind Namen und Gedanken Dinge, und wenn man ihnen die absolute Zielrichtung gibt, für die sie bestimmt sind und die zugehörige Vibrations-Frequenz, dann wird sich Vollkommenheit offenbaren. Das trifft ebenso bei jeder Erfindung zu, die gemacht wurde. Viele unter uns denken, wir müßten immer tiefer eindringen und nachgraben.

Wir haben dies in unseren Forschungsarbeiten entdeckt. Wir hatten keine Logarithmen zu unserer Hilfe. Wir schufen sie uns selbst, wenn es notwendig war. Wir mochten so und so weit gekommen sein und dann feststellen, daß uns ein Fehler unterlaufen war.

Wir mußten zurückgehen und wieder von Neuem anfangen. Wir sind oft wie kleine Kinder, die das Gehen erlernen, aber heute sind wir imstande zu gehen, denn wir haben die notwendigen mechanischen Geräte, und wir bauen heute noch mehr Geräte, die es uns ermöglichen, da weiterzufahren, wo wir stehengeblieben waren. Um einen Punkt herauszustellen, sei eine Erfahrung mitgeteilt, die wir hatten.

Wir benötigten einen Mann für eine besondere Arbeit. Wir

hatten lange an einem bestimmten Problem gearbeitet und befanden uns anscheinend an einem Kreuzweg, als dieser junge Mann von der Columbia-Universität zu uns stieß. Er hatte mit dieser Art von Arbeit keinerlei Erfahrung, aber nach 25 Minuten hatte er unser Problem gelöst. Und wir hatten uns mit diesem Problem während fast vier Jahren abgemüht.

Wie kam das? Er WUSSTE, daß er WUSSTE, in jedem Augenblick. Er kam zu dieser Einstellung und sagte sich: „Ich kenne die Situation", und er fand die Kraft zur Lösung, allein, weil er *wußte*.

Ich habe das gleiche erlebt und ich weiß, daß es wahr ist. Folgendes erlebte ich an der Calcutta-Universität, wie sie dort genannt wird. Als ich vier Jahre alt war, kam ich in eine Vorbereitungsschule der Calcutta-Universität. Am ersten Tag, als ich dort war, sagte der Lehrer zu mir: „Hier ist das Alphabet. Was denkst du dir darüber?" Ich sagte: „Ich weiß nicht." Und er antwortete: „Wenn du weiterhin so denkst, wirst du nie wissen. Ändere dich und laß dieses „Ich weiß nicht" fallen. Wisse, daß du weißt, was das ist." Das hat mir wirklich geholfen, durch jene Schule zu gehen und weiterzufahren und mein Universitäts-Studium zu beenden, als ich vierzehn Jahre alt war.

Diese Dinge sind so einfach, wie man sie nimmt. Wenn wir mit einem Universitäts-Studium anfangen, meinen wir, wir müßten jetzt graben und graben, alles aus Büchern herausgraben. Alles, was je in Büchern geschrieben worden ist, ist schon bekannt. Wenn man diese Einstellung annimmt, weiß man das. Man macht das Buch zur Krücke, um mit ihr weiterzukommen, anstatt anzuerkennen, daß alles schon in uns ist. Der Meister bist du selbst. Du meisterst diese Dinge. Das ist in allen Lebenslagen möglich; sobald wir aus unseren negativen Zuständen des Bewußtseins herausgehen, fangen wir an, es zu erfassen. Allmählich finden wir, daß unsere bisherige Einstellung für uns keinen Wert hat, also warum daran festhalten? Der Wert liegt im *Wissen* und *Sein* der Sache selbst, die man bedenkt. Von da an wirst du fortwährend weiterschreiten.

Fast alle Leute, die ihre verschiedenen Pläne verfolgen, nehmen heute diese Einstellung an. Das gilt auch für mehr als 90 Prozent aller Erfindungen, die heute gemacht werden. Betrachtet einmal, was man heute alles zustande bringt. In den letzten sechs Jahren haben wir mehr geleistet und leisten mehr, als in achtzig Jahren zuvor.

Ich bin nun seit ein wenig mehr als dieser Zeit durch solche Erlebnisse gegangen und weiß genau, wie das heute gesteigert wird. Und es ist gesteigert worden, aus dem einfachen Grund, weil wir uns heute fest auf die Füße stellen und WISSEN, daß wir die Dinge KENNEN. Sie sind da. Wäre eine Erfindung nicht schon in Existenz, käme nie jemand in die Frequenz der Vibration hinein, die nötig ist, um sie zu erkennen. Die Frequenz ist vorhanden und sobald man das Denken kontrolliert, weiß man genau, was man ausdrücken will. Das ist der Grund, weshalb wir heute so bemerkenswert weitergekommen sind.

Natürlich führen viele Wege dahin, das bedarf kaum einer Erwähnung. Recht viele Leute begreifen das, aber jene, die es nicht begreifen, sollten sich besondere Mühe geben, zu erkennen, daß sie WISSEN, und an dieser Behauptung festhalten. Es ist diese Feststellung, die uns jedesmal hilft.

Man hat oft gesagt, daß es nichts Neues im Universum gebe, und das ist wahr. Wäre es nicht wahr, so gäbe es keine entsprechende Vibration, die man aufnehmen kann, um an eine gegebene Sache zu denken. Alle diese Dinge gehören unter bestimmte vibratorische Einwirkungen. Unser ganzes Leben ist Vibration, und bestimmt machen wir gewisse Erfahrungen, aber wenn wir einzusehen beginnen, daß wir uns mit diesen Schwingungen in Einklang setzen können und sie uns zu eigen machen, dann werden alle diese Dinge für uns vollkommen natürlich. Fast jeder Erfinder erkennt heute an, daß er nichts hervorbringt oder feststellt, was nicht schon irgendwann in einer Schwingungs-Frequenz vorhanden gewesen ist. Das gleiche gilt auch in der Literatur.

Jedes Buch, das je geschrieben worden ist, war irgendwann in einer Schwingungs-Frequenz aufgespeichert worden. Kein gesprochenes Wort geht aus der Existenz verloren. Alles bleibt auf dem Gebiet bekannt, das man Energie-Feld oder Vibrations-Einwirkung nennt.

Liebe ist ein Wort, das in seiner Vibrations-Einwirkung dem Wort „Gott" sehr nahekommt, und man kennt Tausende von Fällen an Heilungen, die durch die Anwendung dieses Wortes erzielt worden sind. Jede bekannte Krankheit unterwirft sich der Macht der Liebe, die ausgesandt wird. Sie bewirkt sehr merkwürdige Bilder oder Vorbilder um alle Wesen. Man kann es beinahe sehen, wenn Menschen Liebe aussenden. Es bildet sich eine Art Rüstung um sie herum.

Einer meiner Freunde, ein Arzt, wurde vor Jahren zum Registrator in einer Reservation von Sioux-Indianern berufen. Ich besuchte ihn dort und er lud mich zu einem Versuch bei einem sogenannten Medizinmann des Stammes ein. Es zeigte sich aber, daß das gar kein gewöhnlicher Medizinmann war. Dieser Mann konnte „sich selbst verlassen", und blieb während fünf Jahren in Meditation. Als er aus seiner Meditation erwachte, war er für den Dienst des Heilens bereit.

Er begann mit dem ersten Versuch, der sehr langsam gezeigt wurde. Er steckte seinen Arm in einen Kessel mit kochendem Wasser und nahm aus dem Kessel ein Stück Fleisch. Die Hand blieb dabei völlig unversehrt. Ich habe den Mann während zwei Monaten nach diesem Versuch beobachtet — es zeigte sich nicht der geringste Beweis eines Schadens an seiner Hand.

Beim zweiten Versuch stand er ruhig, in gewisser Distanz vor drei der besten Schützen des Stammes. Dr. N. und ich wählten die Kugeln aus, füllten selbst neues Pulver ein, so daß wir vor einem Betrug sicher waren.

Jedes Geschoß wurde an der Brust des Mannes plattgedrückt. Ich besitze heute noch zwei dieser platt-geschossenen Kugeln. Später nahm dieser Mann seinen Platz in seinem kleinen Zelt ein, und jedermann, der mit irgendwelcher Mißgestalt, Krankheit oder einem Leiden zu ihm kam, verließ ihn vollkommen geheilt. Wir haben es oft gesehen. Ich wurde mit ihm gut bekannt und fragte ihn, wie er das erreiche, und er sagte, das sei ähnlich, wie wenn man göttliche Liebe ausdrücke. Der Mann lebt heute noch und hat sein Heilungswerk beständig fortgesetzt.

Wir haben nie von ihm etwas in den Zeitungen gelesen. Er lebt in absoluter Einsamkeit und spricht nie von seinem Werk. Er sagte einmal: „Es ist mein Platz im Leben, den Menschen in jeder Weise Liebe zu schenken. Darin erfahre ich meine große Genugtuung." Hier ist nun ein Sioux-Indianer, von dem sehr wenige Leute je gehört haben, der schweigend und selbstlos den wahren Dienst der göttlichen Liebe ausübt.

In Texas hörte ich vor einigen Jahren von einem kleinen fünfjährigen Mädchen erzählen, das ein natürlicher Heiler durch Liebe war. Ich fuhr hin, sie kennenzulernen, und ihre Mutter sagte mir, das Kind sage zu allen immer, es habe sie lieb. Es pflege zu sagen: „Ich sehe diese Liebe um jeden herum und um mich selbst." Wenn sie hörte, daß jemand krank war, bat sie ihre Mutter, sie dorthin zu bringen und fast jedes Mal, wenn sie in den Raum gebracht wurde, in dem der Kranke lag, stand er sofort vollkommen gesund von seinem Lager auf. Das Kind ging in der Entwicklung weiter und vollbringt heute große Werke.

Es gibt viele solcher Fälle. Ich kannte ein Kind in Holland. Dort baut man roten Klee an, der etwa 30—40 Zentimeter über dem Erdboden in schöner Blüte stand. Der Klee steht etwa in gleicher Höhe wie die Vorhalle des Landhauses. Ich war dort an einem Sonntagnachmittag zu Besuch. Wir saßen in der Vorhalle, als das Kind etwa 10 Meter weit in dieses Kleefeld hineinschritt, jedoch über den Blütenköpfen blieb. Sie betrat den Boden nicht mit ihren Füßen, sondern wanderte ein Stück hinaus und kam zur Vorhalle zurück. Wir fragten das Kind, wie sie das tun könne. Sie sagte: „Ich weiß es nicht, ich habe nur alle Dinge lieb. Ich liebe diesen Klee und der Klee trägt mich." Und wir sahen, daß es so war. Sie sprach von ihren Spielgefährten und sagte, sie liebe sie alle und sie liebten auch sie und so könne ihnen nichts widerfahren. Ich kannte dieses Mädchen, bis sie 21 Jahre alt war. Zu jener Zeit ging sie nach Belgien, und seither habe ich die Verbindung zu ihr verloren. Ihr Vater erzählte mir, daß das einzige Wort, daß er sie habe sagen hören „Liebe für jedermann" gewesen sei. Und Liebe heilt. Jeder von uns kann das erleben. Es ist so einfach, diese große Liebe jedem zuzuwenden, wie es diese Kinder taten. Als ich in Spanien bei einer der größten Kupferminen der Welt tätig war, kam eine russische Familie mit einem kleinen elfjährigen Mädchen an, die dann dort wohnten. Der Vater arbeitete in der Mine. Sie sagten mir, das Kind habe eine „heilende Hand". Sie lege ihre Hand auf eine Person und sage: „Ich habe dich lieb — ich habe dich so lieb, daß deine Krankheit vergeht. Sie ist fort, denn ich habe den ganzen Raum mit Liebe erfüllt." Wir sahen, daß es wirklich so war. In Fällen von Mißbildung wurde der Körper sofort vollkommen geheilt.

Ich sah einen Menschen in einem der letzten Stadien von Epilepsie. Das Kind legte seine Hand auf den Menschen und sagte: „Dein ganzer Körper ist voll Liebe und ich sehe nur das Licht." Nach weniger als drei Minuten war die Krankheit völlig verschwunden. Das Licht und die Liebe, die von ihrem Wesen ausgingen, waren so mächtig, daß man es tatsächlich sehen und spüren konnte.

Als ich ein kleiner Junge war, spielte ich mit einigen Kindern vor unserem Hause in Cocanada, Indien. Die Dunkelheit kam sehr rasch, denn dort kennt man keine Dämmerung. Ein Junge nahm einen Stecken und schlug damit auf meinen Arm, so daß beide Knochen brachen und meine Hand ganz herabhing. Natürlich war es anfangs sehr schmerzhaft, dann erinnerte ich mich jedoch an eine Bemerkung, die mein Lehrer gemacht hatte: „Geh mit deiner Hand in die Dunkelheit und lege sie in die Hand Gottes, das ist besser, als ein Licht und sicherer, als irgendein bekannter Weg." Das Licht umgab

mich und augenblicklich war der Schmerz vollkommen ge-
schwunden. Ich kletterte auf einen hohen Banyan-Baum, um
allein zu sein, und immer noch umgab mich das Licht. Ich hielt
es für eine Gegenwart und ich werde das Erlebnis nie vergessen, denn während ich dort allein auf dem Baum saß, wurde
die Hand wieder völlig geheilt und ich blieb die ganze Nacht
auf dem Baum sitzen. Am nächsten Morgen war kein Anzeichen mehr sichtbar, außer einer Narbe um die beiden Knochen
herum, die gebrochen gewesen waren. Meine Eltern hatten angenommen, die Dienstboten hätten mich versorgt und mich zu
Bett gebracht. Als ich ihnen am nächsten Morgen erzählte,
was vorgefallen war, konnten sie es nicht begreifen und brach-
ten mich gleich zu einem Arzt. Er sagte, die Knochen seien gebrochen gewesen, aber nunmehr vollkommen zusammen-
gewachsen. Von diesem Tag an hatte ich mit meiner Hand
keinerlei Beschwerden mehr.

Ich erwähne etliche dieser Fälle nur als Beispiele, weil sie
so einfach und natürlich sind, daß es jedermann durchführen
kann. Ich habe beobachtet, wie sogar ein Raum auf die Liebe
antwortete, die von einer ganzen Zuhörerschaft ausströmte.

Wie der unsterbliche Gautama Buddha gesagt hat: „Fünf
Minuten sich einstellen auf die Verwirklichung wahrer göttlicher Liebe ist größer, als tausend Schüsseln Speise an die
Hungrigen verteilen, denn wenn Liebe ausgeht, wird damit
jeder Seele im ganzen Universum geholfen."

Gemeint ist natürlich, daß Worte, die wir anwenden, und
Gedanken und Gefühle, die wir haben, Dinge sind. Wo eure
Gedanken sind, da seid ihr! Wenn wir unsere Gedanken und
Gefühle beherrschen lernen, und nur positive, konstruktive
Worte äußern, mit göttlicher Liebe, dann gibt uns unser Ver-
stand und der Körper auf diese Rechenschaft hin die richtige
Antwort. Die richtige Wahl der Worte ist von großer Wichtig-
keit, aber ebenso wichtig ist das Gefühl, das die Worte be-
gleitet, denn Gefühl ist die bewegende Kraft, die dem Worte
Leben gibt. Dann geschieht es, daß göttliche Liebe zuströmt.
Das heißt nicht, daß man umhergehen und immerzu „Liebe,

Gott, Liebe" sagen soll. Wir sprechen die Worte einmal mit ganzem Gefühl, mit ganzer Seele, mit Überzeugung, mit Anerkennung; augenblicklich tritt das Gesetz in Aktion und bringt die Erfüllung. „Ehe ihr gesprochen habt, habe ich geantwortet." Es ist schon geschehen! Oder mit den Worten Buddhas: „Wecke Liebe, konzentriere dich auf sie, schenke dir selbst Liebe, am Morgen, am Mittag und am Abend. Und wenn du dich setzest, um Nahrung zu dir zu nehmen, dann denke an Liebe, fühle sie, und deine Nahrung wird besser schmecken."

Viele solcher Juwelen sind von Buddha gegeben worden, die nie veröffentlicht wurden. Der Dichter TAGORE wandte viele in seinen Schriften an. Er war ein Mensch, der wußte, wie man Liebe ausdrückt und anwendet. Er w u ß t e es. Er w a r . Er i s t.

Liebe ist das allerwichtigste von allem. Sie ist das goldene Tor zum Paradies. Betet, daß ihr Liebe begreifen lernt. Meditiert jeden Tag um sie. Liebe läßt Furcht verschwinden; sie ist Erfüllung des Gesetzes, sie überwindet viele Sünden. Liebe ist unsichtbar in ihrer Fülle. Liebe kann alles besiegen. Es gibt keine Krankheit, die man nicht mit genügend Liebe heilen könnte. Kein Abgrund ist so tief, den Liebe nicht überwinden könnte, keine Mauer so hoch, daß genügend Liebe sie nicht niederreißen könnte. Keine Sünde ist so schwer, daß Liebe sie nicht aus der Wolke der Unwissenheit auflösen könnte.

Fragen und Antworten.

Frage: Ich kenne einen Arzt, der sieben oder acht Jahre in Indien zugebracht hat. Als er hierher zurückkehrte, rief er die medizinische Gesellschaft des Landes auf. Er hieß sie, die Reagenz-Gläser mit den heftigsten Typhus- und anderen Krankheitskeimen zu bringen. Er trank davon so viel, daß es genügt hätte, eine ganze Armee zu töten — und nichts geschah. Ich fand nachher heraus, daß es bewußte Kontrolle über den Typhus war. Offenbar demonstrierte er die Mechanik der Immunität.

Antwort: Ja, man kann es zur Immunität über jede Krankheit bringen.

Frage: Wie wirkt die freiwillige Kontrolle über die Thyroid-Drüse auf Säure, die bei der Verhütung von Bakterien notwendig ist?

Antwort: Säure wird in hohem Maße durch freiwillige Kontrolle der Thyroid-Drüse kontrolliert. Sie kann angeregt und in so hohem Grade stimuliert werden, daß sie Säure bis zu einem bestimmten Grade dezimiert. Ich habe einige Hindus sagen hören, daß hier der Grund dafür liege, daß sie Bakterien kontrollieren können. Säure tötet sie einfach. Die Thyroid-Drüse kann durch gewisse Übungen stimuliert werden, die von jemanden gegeben werden müssen, der mit diesen Lehren vertraut ist. Ihr Zweck ist, die Thyroid-Drüse so zu stärken, daß sie das richtige Maß der Flüssigkeit gibt, welches der Körper braucht.

Frage: Hat die Parathyroid-Drüse einen bestimmten Zweck?

Antwort: Ja, die Parathyroiden sind eine große Hilfe. Sie kontrollieren den Metabolismus des Leims oder des Kalkes. Sie können so stimuliert werden, daß Calcium dem Organismus zugeführt werden kann, sogar bis zum Wachstum neuer Zähne.

Frage: Wie werden sie stimuliert?

Antwort: Das wichtigste Instrument zu ihrer Anregung ist Konzentration auf die Thyroids durch geistigen Einfluß, und davon haben wir gerade gesprochen.

Frage: Kann man das mit den Bereichen der Oxydation und Atem-Kontrolle in Verbindung bringen?

Antwort: Gleichzeitig mit den Atem-Übungen müssen geistige Übungen betrieben werden. Das heißt: Übung des Verstandes durch geistige Anwendung.

Frage: Glauben Sie, daß durch Konzentration die Visualisierung des Thyroids vollkommen betätigt wird?

Antwort: Ja, in vollkommener Ordnung und Harmonie.

Frage: Besteht ein definitiver Zusammenhang zwischen dem Atem und der Thyroid-Betätigung, so etwa, daß durch Haltungs- und Atem-Übung die Oxydation beschleunigt wird?

Antwort: Ja, das ist der Grund, weshalb Haltungs- und Atmungsübungen empfohlen werden, damit der ganze Körper unter den geistigen Einfluß kommt. Dennoch wird kein Lehrer diese Übungen empfehlen, ohne geistige Betätigung, ohne daß zugleich das Denken aktiviert wird. Manche Leute können fast augenblicklich diese geistige Aktivierung herbeiführen, vor allem dann, wenn ein ganz besonderer Einfluß zum Tragen gebracht wird.

Frage: Was sind die Adrenalien?

Antwort: Die Adrenalien stehen mit dem Blutdruck in Zusammenhang. Die Thyroid-Drüse kontrolliert alles andere. Die Thyroid-Drüse wird von Pituitar-Drüse und Zirbel-Drüse kontrolliert. Darum wird man wie ein kleines Kind. Bei Leichen-Untersuchungen wird die Zirbel-Drüse oft in starkem Maße verkleinert gefunden. In solchen Fällen war der Betreffende weit vom Himmelreich entfernt. Die Zirbeldrüse ist hauptsächlich das Zentrum der Kontrolle über die Endocrinen. Sie ist der Meister, das ICH BIN des physischen Menschen.

Frage: Sprechen nicht einige der Meister von einer verbesserten Tätigkeit der Endocrinen durch das Prana, durch die Atmung?

Antwort: Ihre Einstellung bedeutet, zieht man Prana ein, nimmt man geistige Einflüsse auf. Sie gehen unmittelbar auf geistige Einflüsse zurück. Das ist größte Betätigung und Anregung. Sie behaupten, daß das Denken in der Jugend auf diese Weise angeregt wird. Dann kommen die Pituitar- und die Zirbel-Drüse unmittelbar miteinander in Betätigung.

Frage: Würden Sie sagen, daß Jesus seine Jünger definitiv. gelehrt hat, nach welchem System die Endocrinen sich betätigen?

Antwort: Ja, durch die Christus-Methode, welche „Liebe in Aktion" ist. Er konnte sehr wohl sagen, daß ihr ins Himmelreich eintreten könntet, wenn ihr wie ein Kind würdet.

Frage: Werden die materiell-eingestellten Gelehrten, die das moderne Wunder der Biochemie entdecken, von Meistern inspiriert?

Antwort: Ja, das Werk wird durch diese der Menschheit übergeben, zum Nutzen der Gesamtheit.

Kapitel VII

Die Wirklichkeit

Der Hindu sagt: „Wenn Gott sich verbergen wollte, würde Er den Menschen wählen und sich in ihm verbergen." Das wäre der letzte Platz, an dem der Mensch Gott suchen würde.

Das Schwierige bei den meisten der heute lebenden Menschen ist, daß sie versuchen, etwas zu werden, was sie bereits in ihrem Innern sind. Wir suchen und schauen nach Gott überall aus, nur nicht in uns selbst, gehen zu zahllosen Vorträgen, Versammlungen, Gruppen, schauen nach Lehren und Persönlichkeiten aus, nach Führern, lesen zahllose Bücher, obschon Gott zu jeder Zeit bereits in uns selbst ist. Wenn die Menschheit das Suchen aufgibt und anerkennt, daß sie IST, wird sie bald völlig der Wirklichkeit bewußt sein.

Jesus sagte uns oft, daß es keinen Unterschied von einem zum anderen gibt, daß ein jeder ein Gott-Wesen sei, mit allen potentiellen Attributen und Möglichkeiten.

Wir haben Jesus seit langer Zeit abseits gestellt, in der Überzeugung, daß Er in eine andere Kategorie gehöre, als wir selbst. Er ist nicht anders. Er behauptete nie, anders zu sein. Auch heute ist Er unter uns und hilft den Menschen allezeit. Er ist nicht mehr mystischer Charakter als wir es sind, und niemals behauptete Er, Er sei imstande, Wunder zu vollbringen. Es waren keine Wunder, es war lediglich das Befolgen des

Naturgesetzes. Das wird heute bewiesen. Es waren natürliche Vorgänge, die sich bei jedem von uns einstellen, wenn wir das Gesetz erfüllen.

Jeder von uns ist in der Lage, jede der sogenannten Schwierigkeiten zu bemeistern, unter denen wir uns abmühten; sobald wir sie fallenlassen, hören sie auf zu existieren. Das mag manchem unmöglich vorkommen, aber es ist absolute Tatsache. Wir ziehen diese Zweifel an uns heran durch unsere eigenen unrichtigen Gedanken.

Nehmen wir an, diese Gedanken, diese Worte hätten nie eine Bedeutung für uns gehabt und wir hätten nie von ihnen gehört, daß sie in unserem Wortschatz oder in unserer Umwelt existieren. Man kennt heute vier Sprachen, in denen kein einziges negatives Wort existiert, kein Wort für Vergangenheit noch für Zukunft. Alles bezieht sich auf das Jetzt und Hier. Wenn wir dies nur begreifen und anerkennen wollten, wären wir bald aus unserem negativen Zustand heraus. Es kommt auf den Namen an, den wir einem Ding geben, und auf das Gefühl, mit dem wir es aussprechen. Negative Worte, Gefühle und Umstände haben absolut keine Kraft, außer derjenigen, die wir ihnen beigeben. Sobald wir aufhören, sie mit Energie zu begaben, haben sie kein Leben mehr und hören zu existieren auf.

Wir haben heute endgültig bewiesen, daß die Bibel eine so lange Zeit erhalten blieb, weil das Wort „Gott" darin aufgezeichnet ist. Sie ist heute noch das Buch, das am meisten gekauft wird. Wenn nun dieses Wort ein Buch, eine leblose Sache erhalten kann, was kann seine Anwendung für unsere Körper-Form tun. Es ist nicht nötig, daß man herumgeht, und das Wort „Gott, Gott", wiederholt. Man sendet das Wort einmal aus, mit definitiver, aufrichtiger Bedeutung, in dem Sinn, dem wir ihm beilegen, um etwas herbeizuführen, und hat es nie zu wiederholen. Warum? Weil man genau in der Tonlinie der Vibration ist, die auf diese Feststellung antwortet. Das ist der Grund, weshalb die Bibel sich erhält und der Grund, weshalb unsere Körper sich erhalten; es ist dieses Wort, das alles lebendig erhält, sein Nachdruck. Das Wichtigste ist, es hernach nicht zu negieren, sondern fest an der Erfüllung unserer Fest-stellung zu halten.

Gewisse Leute in Indien gehen herum, halten ihre Hände empor und sagen: Om mani padme hum." Nach einiger Zeit wird ihre Hand steif und sie können sie nicht mehr bewegen. So wäre es auch, wenn wir immer herumgingen und das Wort „Gott" wiederholen wollten. Man kann das Wort denken, kann es genau wissen, daß es uns gehört; wir sind tatsächlich das, was wir ausdrücken wollen. Wir brauchen es nicht immer und immer zu wiederholen. Wir *sind* es einfach.

Es ist gesagt worden, daß der größte Fehler, den der Mensch begeht, derjenige ist, daß er Gott *werden* will, anstatt es einfach zu *sein*. Er hat nach etwas Ausschau gehalten, was in ihm schon ist. Wir *probieren* nicht, zu werden. Wir sind es einfach. Wir sind es und behaupten es definitiv. Wenn ihr es nicht glaubt, versucht es eine Zeitlang, etwa zwei Wochen lang. Ich schlage vor, ihr sagt es einmal und *wißt* es. Und dann geht ihr hin und seid es. Es gehört euch, steht euch zu Befehl.

Der Himmel ist die überall vorhandene Harmonie im inner-sten Innern, genau da, wo man ist. Durch eigene Gedanken und Gefühle, das steht euch frei, könnt ihr sie zur Hölle machen, wenn ihr wollt, es wird euch nicht schwerfallen. Aber wenn ihr die Zeit, die ihr zur Erstellung der Hölle braucht, dazu anwendet, den Himmel herbeizuführen, jetzt und hier, könnt ihr diese Offenbarung haben.

Kenne Gott in dir, jederzeit! Das ist der größte Segen für den Menschen. Sieh den andern wie dich selbst, den Christus in jedem Antlitz. Das ist unser größtes Vorrecht. Nicht nur das: es ist unser größter Fortschritt, den Christus in jeder Per-son zu sehen, der wir begegnen oder die wir kennen. Es be-darf nur eines einzigen Augenblicks, dies bei jeder Zusammen-kunft zu sehen, wo wir gerade sind. Ihr werdet feststellen, wie wundervoll das ist. Bald wird es euch klar und annehmbar werden, daß der Christus in einem jeden ist. Wir sind alle gleich, immer Ihm gleich.

Zurück zu den negativen Gedanken, Worten und Gefühlen: Wir kennen heute 2500 Personen, die miteinander in Beziehung stehen, sie sind mit allen heute bekannten Transportmitteln gereist, über Tausende und aber Tausende von Meilen und sie haben nie einen Unfall gehabt. Die meisten von ihnen sind hier in Amerika, wo die Idee aufgekommen ist. Vier Menschen haben damit angefangen.

Ihr habt die Kontrolle über den Sturm, ihr habt die Kontrolle über atmosphärische Störungen, jeder einzelne von euch. Es hat nichts zu bedeuten, was immer es sei — ihr seid Herr darüber, es liegt an euch, darüber Herr zu sein! Doch anstatt so zu denken, lassen wir „es über uns kommen", wie wir es nennen. Wir unterwerfen uns immer den Umständen oder der Situation. Es gibt im ganzen Saal hier keinen einzigen Menschen, der, wenn er wollte, nicht jeder Situation Herr werden könnte, nur indem er *weiß*, daß er Herr jeder Situation ist.

Tiere sind sehr sensitiv in diesen Dingen. Sie antworten, wenn man ihnen freundliche Gedanken zuwendet. Sie spüren es auch, wenn man Gedanken der Güte anderen zuwendet. Der Hund spürt Gefühle immer sofort.

Wir hatten in Alaska für unsere Postsendungen über 1100 Hunde. Wir hatten dort während langer Zeit Postrouten. Wir verwendeten diese 1100 Hunde, da es noch keine Flugzeuge gab, und ihr könnt mir glauben — niemand von unserer Besatzung hat jemals eine Peitsche anwenden müssen. Diese Hunde waren so lenksam, wie nur irgend möglich, solange die Leute sie nicht störten oder quälten.

Ich habe mit den Hunden neunmal eine Entfernung von 1800 Meilen zurückgelegt. Zweimal habe ich nicht einen Hund gewechselt, und doch kamen alle Hunde in wundervollem Zustand an. Jedermann fragte mich, wie ich dies fertiggebracht hätte. Ich habe die Hunde einfach in Ruhe gelassen, habe sie aufgemuntert, habe ihnen gesagt, daß sie ihre Sache gut machen, schon vorankommen und so weiter. Andere fingen auch so an, und sie bemerkten alsbald den Unterschied. Wenn man ein Tier nicht fürchtet oder es mißhandelt, antwortet es prachtvoll.

Sobald wir ein negatives Wort aussprechen, entziehen wir Energie aus unserem Körper, behindern ihn; wir hypnotisieren uns selbst, wenn wir daran glauben. Und unter dem hypnotischen Einfluß fahren wir immer damit weiter und wiederholen es fort und fort. Nun, wenn wir uns nicht länger erlauben, von solchen negativen Worten hypnotisiert zu werden, und davon ablassen, sie zu wiederholen oder daran zu denken, werden sie nach und nach ganz aus unserer Gedankenwelt verschwinden.

Wenn wir nicht an das Alter denken würden, an schwache Augen, an Unvollkommenheiten des Körpers, so würde sich solches niemals in physischer Form manifestieren. Unser Körper erneut sich allezeit, es ist wirklich eine Auferstehung. Diese Auferstehung findet in der ganzen Menschheit alle neun Monate statt. Wir drücken das auf unsere Körperzellen durch unsere Gedanken aus, durch unsere Gefühle und unsere Worte. Wir sind unsere eigenen Betrüger. Wir betrügen den Christus mit dem einzigen Wort „ich kann nicht" jedesmal, wenn wir es sagen. Jedesmal, wenn wir ein einziges negatives Wort sagen, betrügen wir den Christus in uns. Laßt uns also den Christus erheben, den Körper segnen für seinen Dienst, Lob und Dank sagen für die zahllosen Segnungen und die lebendige Offenbarung *sein* für das Gesetz, jeden Augenblick!

Fragen und Antworten.

Frage: Wie denken die Hindus über Jesus und wie über Buddha?

Antwort: Sie sagen, Buddha war der Weg zur Erleuchtung, Christus ist die Erleuchtung.

Frage: Warum ist es so schwierig, das Denken auf ein Ideal festzuhalten?

Antwort: Wir haben nicht die definitive Erziehung gehabt, wie man sie in Indien hat. Dort haben es sogar die Kinder. Es wird ihnen gezeigt, daß ein Ideal, einmal festgestellt, im Sinn behalten werden muß, bis zur vollen Verwirklichung. Die Erziehung des Westens ist etwas anders. Es wird uns erlaubt, jedem Gedanken zu folgen, der aufkommt, und so werden die Kräfte zersplittert. Wenn ihr ein Ideal habt und fest daran glaubt, behaltet es fest in euch, redet nicht mit anderen darüber, ehe es in dieser Form verwirklicht ist. Erhaltet das Denken immer klar für das eine, was ihr v e r w i r k l i c h e n s o l l t, nicht auf das, was ihr gerade w o l l t. Das erhält das Denken klar! Sobald man einem anderen Gedanken erlaubt aufzukommen, wird man „doppeltdenkend". Geben wir die Energie auf das „eine Ideal", so werden wir einzig-gerichtet im Denken. Wir kommen nicht auf anderes Geleise. Wir werden auch nicht einseitig im Denken, denn wir brauchen nicht länger bei dem Ideal zu verweilen als einen Augenblick, wenn wir alle unsere Kraft darauf lenken und diese Kraft nicht zersplittern. Von da an sagen wir unseren Dank, daß es vollbracht ist, gerade hier und schon jetzt.

Frage: Sollen wir verstehen, daß Sie Jesus persönlich ge-
           sehen haben und ihm die Hand geschüttelt haben?

Antwort: Ja, und mit manchen sogenannten Meistern. Diese
           Menschen behaupten nicht, sie seien anders als ihr
           und ich. Sogar die Kulis in Indien anerkennen Ihn
           als Jesus, den Nazarener. Daran ist nichts Mysteriö-
           ses. Die Bilder zeigen Ihn als einen gewöhnlichen
           Menschen, umgeben von einem großen Licht. Bei die-
           sen Leuten gibt es nichts Unbestimmtes. Es ist eine
           ganz deutliche entschlossene Art in ihnen. Sie sind
           lebendige Charaktere.

Frage: Wie kommt es, daß ein gewöhnlicher Kuli in Indien
           Jesus sehen kann?

Antwort: Der Kuli hat etwas anerkannt und in sein Leben
           aufgenommen, während wir es weder annehmen
           noch glauben, daß ER existiert. Ich habe gar keine
           psychische Sicht. Wenn wir uns ausschließlich mit
           diesem Prinzip beschäftigen, können wir nicht irre-
           geführt werden. Intuition ist eine Tatsache, und
           wir müssen daraus W i s s e n machen.

Frage: Warum hat sich Jesus nicht oft in Amerika gezeigt?

Antwort: Er beschränkt sich nicht auf eine Gegend, Er
           wirkt hier zweifellos ebenso, wie in Indien.

Frage: Hat Jesus physisch am Kreuz gelitten?

Antwort: Nein, ein hoher Erleuchteter leidet nicht physisch.
           Wenn ER diese Erfahrung nicht hätte machen
           w o l l e n , so würde Er die Energie zurückgewie-
           sen haben; und diese hätte die Leute zerstört, die
           Ihn ans Kreuz schlugen. ER zeigte den Weg.

Frage: Hat Jesus nach der Kreuzigung noch einige Jahre auf der Erde existiert?

Antwort: Wir wissen nichts von einem Zurückweichen aus dem Körper. Er lebt heute in genau dem gleichen Körper. Der Körper ist jedem sichtbar, der mit Ihm in Kontakt kommt.

Frage: Meinen Sie damit, daß ein Mann, der als Jesus von Nazareth bekannt war, in diesem Land erschienen ist?

Antwort: Ja, natürlich. Wenn wir Ihn nicht mit diesem Namen nennen, wird er nicht bei uns sein.

Frage: Haben Sie ein spezielles Vorrecht, die Lehren der Meister herauszugeben?

Antwort: Wir haben keineswegs irgendein Vorrecht vor euch. Wenn gefragt wird, ob es solche Meister in den Vereinigten Staaten gibt — antworten sie: „Es sind über einhundertfünfzig Millionen Meister hier."

Frage: Würde Jesus hier erscheinen, wenn wir Ihn benötigen würden?

Antwort: Er ist immer da, wo er nötig ist. Wenn ER gesagt hat: „Seht, ich bin immer bei euch!" so meint ER das wirklich.

Frage: Bedeutet Christus das Prinzip des Lebens?

Antwort: Er bedeutet das Gott-Prinzip, das ein Individuum durchflutet.

Kapitel VIII

Überwindung des Todes

„Toter Yogi lebt noch!" — so lauteten die Schlagzeilen in den Zeitungen von Los Angeles, als sie vom Ableben des Paramhansa Yogananda, dem Gründer der „Selbst-Verwirklichungs-Bruderschaft" in Los Angeles, Kalifornien, berichteten.

„Leichen-Bestatter offenbarten heute die erstaunliche Fähigkeit Paramhansa Yoganandas, dessen Körper in den Räumen der „Selbst-Verwirklichungs-Gesellschaft" hier aufgebahrt liegt. Sie sagen, der Körper sei zwanzig Tage nach seinem Tode nicht technisch gestorben. Der Direktor des Friedhofes erklärte, daß der Körper von Yogananda, der während einer Rede im Biltmore-Hotel starb, unter täglicher Beobachtung seiner Anhänger, vom 7. März bis zum 27. März aufgebahrt lag, als dann der Bronze-Sarg versiegelt wurde. ‚Das Fehlen jeglicher sichtbarer Zerfallszeichen am toten Körper des Paramhansa Yogananda ist der merkwürdigste Fall in allen meinen Erfahrungen‘, sagte der Direktor der Bestattungs-Anstalt in einem beglaubigten Brief an die „Selbst-Verwirklichungs-Gesellschaft".

Was den Körper Yoganandas betrifft, so war es kein Wunder. Wir haben Körper gesehen, die seit sechshundert Jahren in „aufgehobener Belebung" gelegen sind. Mein Urgroßvater hat vor langer Zeit einen solchen Körper beobachtet. Es war nördlich von der Linie zwischen Kashmir und dem heutigen Pakistan, und er ist seither immer dort gewesen. Dieser Körper wurde abgelegt als ein Zeichen von Unruhe, die anfangs in Indien wegen der mohammedanischen Invasion herrschte — auch wegen der Kinder-Ehen und wegen des tiefgehenden Kasten-Systems, das in Indien auflebte. Der Körper liegt seither immer dort. Es ist mehr als 14 Jahre her, seitdem ich den Körper zum letzten Male sah; ich war während des ersten Weltkrieges in jener Gegend. Zu jener Zeit waren etwa 200 britische Soldaten in einem Versteck im Norden des Ortes festgehalten worden, und sie baten um freien Durchgang durch dieses Land. Als sie in Indien wieder eintrafen, sahen auch sie den Körper wieder. Der Oberst hatte viele Jahre in Indien zugebracht und empfand große Hochachtung vor dem indischen Volk. Man achtete ihn ebenso hoch. Er erklärte den Soldaten, daß, wenn sie den Körper sehen möchten, die Kompanie hier anhalten würde, damit sie ihn betrachten könnten, aber sie müssen ihr Ehrenwort geben, daß keiner den Körper berühre, wie es die Leute jener Gegend wünschten. Es sind so viele Leute hingegangen, den Körper zu sehen, daß die Steinplatten um die Grabstätte herum ganz ausgetreten sind.

Nachdem die Soldaten den Körper betrachtet hatten, marschierten sie eine kurze Strecke weiter und bereiteten ihr Lager für die Nacht. Als das Lager in Ordnung war, bat einer der Offiziere den Obersten um Urlaub. (Der Oberst hat mir das selbst erzählt.) Er sagte zu dem Offizier: „Ich glaube zu wissen, was du tun willst. Du hast im Sinn, den Körper zu betasten. Nun, entweder du gibst mir dein Ehrenwort, daß du nicht versuchen wirst, ihn zu berühren, oder ich verweigere es dir, wegzugehen." Der Offizier gab sein Wort, erhielt seinen Urlaub und ging hin, den Körper zu beobachten. Zu jener Zeit trugen die Offiziere einen kleinen Stab bei sich. Er nahte sich dem Körper und versuchte ihn mit dem kleinen Stab zu berühren — und fiel tot zur Erde. Der Oberst sagte mir, er sei der erste gewesen, der in Kenntnis gesetzt worden sei, und sein erster Gedanke wäre natürlich der gewesen, daß jemand gewacht und den Mann aus Rache erschossen habe. Der Oberst sagte mir auch, daß er unverzüglich zum Tatort gegangen sei und den Körper des Soldaten gründlich untersucht habe — aber man habe nicht die geringste Verletzung feststellen können. Das Ereignis wurde dem Kriegsdepartement in London berichtet und befindet sich noch immer dort in den Akten.

Wir haben in unserem Laboratorium Versuche mit dem sogenannten Todes-Zustande gemacht. Die Versuche wurden nicht bei uns entwickelt, aber sie wurden von Kameras aufgenommen, die in einer Sekunde Tausende von Negativen herstellen. Ein Bild wird durch laufende Lichtpunkte aufgezeichnet. Der Film weist, wenn er photographiert wird, eine Sammlung von Lichtpunkten auf, aus denen das vollendete Bild entsteht. Dieses wird dann unter starker Vergrößerung reproduziert und verlangsamt, bis man es auf einem gewöhnlichen Filmstreifen verwerten kann. Durch Anwendung von X-Strahlen kann man die ganze Formation eines Lebens-Elementes zeigen.

Manche sind zu uns gekommen mit einer Krankheit, von der sie wußten, daß sie nur noch wenige Stunden zu leben haben, und stellten sich für Beobachtungen zur Verfügung. Ein leitender Arzt beobachtete die Zeit, wenn das, was man gewöhnlich den „Tod" nennt, eintritt. Eine Waage zeigte einen Gewichts-Verlust von ungefähr elf Unzen an. Das Licht, das vom Körper ausstrahlt, zeigt sich genau über der Waage.

Heute weiß man, daß das Lebens-Element Intelligenz, Bewegung und Willen in einem Maße besitzt, daß es bei einer Unterbrechung über sich selbst hinauswächst. Es erhebt sich bis hinauf zur Decke. Wir haben dies nachgewiesen, indem wir vier Kameras verschieden plazierten.

Wenn es von einer Kamera verlorenging, nahm eine höhere es auf und zeigte damit, daß die Emanation der Energie immer noch bewiesen werden konnte. Wir versuchten eine Unterbrechung anzubringen oder es zur Seite zu verdrängen. Die Emanation ging durch die störende Wand hindurch. Wenn die Kamera auf einer Seite die Emanation verlor, nahm die andere Kamera diese auf der anderen Seite wieder auf.

Wir schufen eine trichterförmige Unterbrechung aus Aluminium, legten Asbest und Bleifolien eng auf den Körper, damit das Lebens-Element am Austreten verhindert werde. Dreimal, nach weniger als einer Minute, nachdem wir die Störung fertiggestellt hatten, kam der Körper zum Leben. Wenn dieses Leben wieder erweckt wurde, zeigte der Körper keine Anzeichen von Krankheiten mehr, die ihm vorher anhafteten. Der Körper war offenbar immun dagegen geworden. Wir wissen nicht, wieso.

Wir haben eine Gruppe, die sich heute vor allem damit beschäftigt, und wir blicken in die Zukunft, wenn gezeigt werden wird, daß der Grund, weshalb das Lebens-Element größere Energie angenommen hat, darin liegt, daß eine Rückkehr zum Körper neue Zustände herbeiführen kann. Drei von den Leuten, von denen ich rede, haben die Pest gehabt. Einer von ihnen geht wieder zur Arbeit, um zu zeigen, daß er immun ist. Einer hat Angst davor und wir haben ihn nicht angewiesen, sich zu zeigen, aber seit der Veränderung sind 7 Jahre vergangen und er hat nie einen Rückfall gehabt.

Der Dritte von ihnen versteht nichts von dem, was wir tun, so daß er uns keine Hilfe sein kann.

Ehe das Lebens-Element den Körper verläßt, kann gezeigt werden, daß die Schwingungen so tief gesunken sind, daß das Lebens-Element nicht bleiben kann, es wird förmlich herausgedrängt.

Wenn es aber hinausdrängt worden ist, hat es den Willen, der zugleich mit ihm erschaffen worden ist, und es fängt an, Energie aufzunehmen. So kann es nach kurzer Zeit einen neuen Körper annehmen unter allen beliebigen Umständen. Wir können nicht positiv sagen, dies sei eine Tatsache, aber wir glauben, daß viele Körper wieder aufgebaut werden innerhalb einer bis zu drei Stunden nach dem Todes-Erlebnis.

Im Falle des Körpers, dessen Belebung seit sechshundert Jahren aufgehoben ist, wurde angedeutet, daß der Mann aktiv in einem anderen Körper war. Wir besuchten schließlich den Ort, an dem der Mann angeblich in diesem neuen Körper lebte. Wir machten einige Aufnahmen von ihm, verglichen sie mit derjenigen des Körpers in aufgehobener Belebung und es war eine exakte Ähnlichkeit festzustellen.

Wir sahen sogar noch andere seiner Körper. Im ganzen haben wir vier verschiedene dieser Körper gefunden. Wir wissen, daß es viele gibt, die ihre Körper von einer Stelle zur anderen viel schneller bewegen können, als wir reisen können. Wir gaben nun vier Kameras in die Hände von vier Männern, die nicht beeinflußbar waren, und wiesen ihnen je eine Stellung an, daß sie zu gleicher Zeit Aufnahmen machen konnten. Als wir die Photographien miteinander verglichen, war fast identische Ähnlichkeit bei allen vieren vorhanden und doch lag der Körper in aufgehobener Belebtheit. Es war immer das gleiche Bild.

Es wurde uns tausendmal gesagt, daß Körper aufgebaut und zusammengefügt werden, und daß, wenn jemand ein definitives Leben führt und er den Bedingungen des Todes unterworfen wird, er seinen Körper ablegen und sogleich einen anderen heranbilden kann.

Wir sehen daraus, daß man ganz anders über das Sterben denken sollte. Es ist ein Zustand, den wir uns selbst erschaffen, damit wir in erweiterte Bedingungen mit größeren Möglichkeiten hineinwachsen. Jesus hat uns oft gesagt, man werde das, was man verehre. Wenn wir in Beschränkungen verfallen, so haben wir Beschränkung verehrt, aber es gibt kein menschliches Wesen, das nicht Vollkommenheit verehren und durch solche Einstellung sich selbst aus Beschränkung emporheben könnte.

Es wird heute gesagt, daß der menschliche Körper jedem Zustand widerstehen könne. Wenn wir das Gottes-Prinzip in uns erhalten, führen wir die Macht, die uns umgibt, ins Spiel und machen sie undurchdringlich, so daß nichts uns berühren kann.

Vollkommenheit existiert allezeit, ist jederzeit aktiv und wenn wir damit eins sind, tritt sie sogleich in Erscheinung. In vielen Fällen sehen wir das Licht aus dem Körper eines Menschen hervortreten und wenn man photographiert, kann man das Licht auf dem Bild erkennen. Licht ist Leben, ist das Medium, in welchem das Leben existiert.

Es ist ganz klar, daß wenn wir statt Alter zum Inhalt unserer Gedanken zu setzen, Jugend im Sinn behalten und in entschlossener, positiver Haltung uns erhielten, diese auch erhalten bleiben würde.

Männer und Frauen gehen heute ewiger Jugend entgegen. Viele Philosophen des Ostens sagen — „Wenn ihr die Jugendlichkeit, Schönheit, Lauterkeit und Vollkommenheit so definitiv verehren würdet, wie ihr das Altsein verehrt, so würdet ihr diesen Zustand erlangen. Ihr könntet tatsächlich nicht anders." Dies soll keineswegs eine Mißachtung des Alters bedeuten, sondern lediglich die Einstellung zeigen, wie man alt werden kann. Wäre es nicht besser, man würde Menschen ihrer Jugendlichkeit, Schönheit und bestimmter Grade von Vollkommenheit wegen höher achten, die sie offenbaren, als nur ihres Alters wegen? Das eigentliche Ideal ist ein Körper, den man allenthalben als das Ebenbild des Schöpfers verehrt. Die Göttlichkeit, die der Mensch hochachtet und als ihm zugehörig erkennt, ist der höchste Ausdruck seiner Jugendlichkeit, Schönheit und Reinheit.

Wir projizieren selbst diese Zustände, denen wir unterliegen. Wir geben alle zu, daß wir den Körper falsch behandeln können. Wenn wir aber nach Vollkommenheit streben, muß Vollkommenheit die Folge sein. Niemand kann etwas erreichen, wenn er nicht eins wird mit seinem Ziel und alle anderen Umstände vergißt. Um es auf einen ganz einfachen Nenner zu bringen: „Wenn wir definitive, positive Ideen verfolgen, die wir erreichen wollen, so erfolgt diese Verwirklichung ganz sicher. Ein Punkt! Eine einzige Richtlinie! Erlaubt euch niemals, Gedanken auf irgendeinen negativen Zustand zu richten!"

Wir haben viele Wandlungen, Heilungen, positive Umstände

herbeigeführt, heraus aus negativer Umgebung, ohne daß ein Wort dabei gesprochen wurde.

Das war für uns der Beweis, daß das Prinzip sich bei jeder Einstellung des positiven Denkens offenbart. Aber die Gedanken müssen jederzeit endgültig positiv sein. Jene, die die Macht entwickelt haben, diese Dinge auszuführen, kennen wir als Meister, denn sie haben die Naturkräfte bemeistert. Sie stellen sich nicht zu Umständen ein, als wären diese seltene Phänomene. Vollkommenheit ist ein natürlicher Zustand, der jederzeit erreicht werden kann durch die Befolgung natürlicher Schlüsse.

Der Körper ist unzerstörbar. Nur wir selbst sind es, die dem Körper gestatten, abzusterben. Die Gedanken und Gefühle, die wir auf den Körper einwirken lassen, sind die Erschaffer von Krankheit und Auflösung. Es ist heute wohl bekannt, daß jede Zelle unseres Körpers in weniger als einem Jahr erneuert wird. Einer der größten Irrtümer, der die Menschheit je verfallen ist, ist dasjenige der „dreimal zwanzig Jahre und zehn". Wir kennen Männer und Frauen, die mehr als 2000 Jahre alt sind. Wenn man aber mehr als 2000 Jahre lang leben kann, kann man in alle Ewigkeit leben. Das ist genau das, was Jesus meinte, wenn Er sagte: „Der letzte Feind, der zu überwinden ist, ist der Tod."

Jesus lehrte, daß der Vater das Prinzip ist, durch die der Menschheit die Erkenntnis geschenkt wird, daß das Leben leben muß und daß es in seinen Taten und Lehren kein Mysterium gibt.

Das Prinzip ist unveränderlich. Du magst es in alle Ewigkeit übersehen, wenn du willst, aber im Augenblick, da du zu ihm zurückkehrst, kehrst du zurück in den Zustand der Vollkommenheit. Dein Körper nimmt das Resultat dieses Entschlusses in sich auf. Jemand, der dieses Prinzip kennt und anwendet, würde nicht zögern, auf dem Wasser zu gehen. Man hat euch oft gesagt, daß, wenn einer sich anstrengt, etwas zu erreichen und es gelingt ihm, es alle tun können.

Diese Macht hat allezeit bestanden und existiert auch

heute noch. Warum ist sie ferngehalten. Weil wir die Mauer des Unglaubens davorsetzen!

Die Kraft, die ein mechanischer Kunstgriff in die Existenz ruft, kann unverzüglich die gewünschte Bedingung erwirken oder ins Werk setzen. Wir sprechen über weite Entfernungen durch das Telephon. Dennoch gibt es viele Leute, die ohne jeden Apparat über große Strecken hinweg miteinander sprechen. Telepathie ist als eine Tatsache festgestellt. In mentaler Telepathie liegt große Macht. Es ist Gott, der zu Gott redet. Viele mögen sagen, eine solche Behauptung sei Gotteslästerung. Eine solche Behauptung ist indes genauso treffend, wie diejenige, daß wir heute leben. Die Menschheit muß schließlich einsehen, daß es viel besser ist, jederzeit unter positivem Einfluß zu stehen. Dann hat sie einen großen Schritt vorwärts getan.

Dies sind nicht Schlußfolgerungen, die nur unsere Gruppe gezogen hat. Viele Leute und Gruppen verfolgen heute die gleiche Linie. Die Anwendung dieser Tatsachen wird uns alle zu vollkommener Harmonie vereinigen, zu einer vollkommen vom Menschen herbeigeführten Einheit bringen.

Es hat keine Bedeutung, ob die Menschheit als Ganzes heute an diese Dinge glaubt. Die Tatsachen sind augenscheinlich. Als Jesus sagte, Er habe den Tod überwunden, sprach Er die Wahrheit. Tausende und Abertausende werden sehr bald wissen, daß Sein Körper untersterblich ist, rein, vollkommen und unzerstörbar. Das Mysterium ist verschwunden. Wir stehen auf der Schwelle der vollkommenen Erkenntnis.

Fragen und Antworten.

Frage: Kennen Sie außer den Meistern noch jemanden, der vollkommene Herrschaft über Alter und Tod erlangt hat?

Antwort: Ja, viele Leute haben dies bewiesen. Ihr könnt sie auch selbst erlangen. WISST, daß ihr die Herrschaft darüber habt und ihr SEID Meister. Ich habe gesehen, wie Menschen sofort ins Leben zurückgekehrt sind. Ich kenne etwa siebzig Leute, die grauhaarig und gealtert waren und die heute wie Vierzigjährige aussehen.

Frage: Was können wir mit Kindern tun, die zur Schule gehen, und sowohl dort wie auch von der Kirche in anderer Weise belehrt werden, als wir es zu Hause tun? Werden sie dadurch nicht verwirrt?

Antwort: Ihr könnt euren Kindern helfen, denn die Wahrheit verwirrt sie nicht. Ihr könnt den Kindern in ganz einfachen Worten die Wahrheit mitteilen, und sie werden sie annehmen. Das wird tiefer haften bleiben als andere Behauptungen. Sagt zum Beispiel: „Der Christus ist in euch!" Ihr werdet sehen, wie die Kinder schließlich darauf antworten. Kinder haben oft eine größere Auffassungsgabe als Erwachsene es meinen.

Frage: Im Band III sagen Sie tatsächlich, daß wir unser inneres Schauen nur ein wenig höher hinauf zu richten hätten, und dann Jesus sehen könnten, sobald unsere Aufmerksamkeit nach innen gerichtet sei.

Antwort: Wenn ihr Christus seht, wißt ihr, daß er mit Jesus identisch ist und daß der Christus in einem jeden ist, überall, sobald ihr mit Ihm verbunden seid.

Frage: Haben Sie tatsächlich Jesus gesehen und mit ihm geredet oder war es eine mentale Erscheinung?

Antwort: Nein, es war keine Erscheinung. Der Mann lebt und ist wirklich da. Wir können Ihn ebensogut photographieren, wie wir euch photographieren können.

Frage: Wenn der Mensch in Wirklichkeit ein geistiges Wesen ist und gleichbleibend nach dem Licht ausschaut, wie wird er in unserem modernen Zeitalter in der Lage sein, die Wahrheit zu erkennen, da so viele verschiedene Arten von Glauben und Lehren und so viele Gegensätze bestehen?

Antwort: Der Mensch ist Geist. Es hat nichts zu bedeuten, was immer man dem Geist entgegensetzt. Der Mensch IST allezeit. Dagegen gibt es keine Opposition, nur unser Denken steht in Opposition.

Frage: Ist es wahr, daß, wenn wir den Christus um Hilfe anrufen, Er dann bei uns ist und daß Er hört?

Antwort: Seine Worte in dieser Beziehung sind: „Rufe Christus in Deinem Innern an." Das liegt Dir! Das BIST Du! Rufe den Christus in Deinem Innern an! Er hat nichts gegen unseren Ruf, denn er betätigt sich zu jeder Zeit innerhalb der Menschheit. Wir begehen den Irrtum, außerhalb von uns nach Christus zu suchen. Rufe jederzeit nach Christus im Innern. Das überträgt sich dann nach außen hin zum ganzen Universum, und alles gehört uns.

Kapitel IX

Das Gesetz des Wohlstandes

Die Wiederholung von Mantrams ist hypnotisch und die Menschen schaffen sich ihre eigenen Begrenzungen, wenn sie sich auf die Macht der Affirmationen stützen.

Sobald wir sagen: „Ich möchte einen bestimmten Zustand erreichen", haben wir den Weg zu vielem Guten versperrt, das wir nicht erkannt haben. Wir haben nur einen Weg des Ausdrucks geöffnet. Solange unsere Forderung nicht mit der Fülle eines sich erweiternden Lebens in Einklang steht, könnte die Erfüllung eine unerwartete Form annehmen. Schon der bloße Hinweis auf einen Mangel kann ihn stärker werden lassen, anstatt größeren Wohlstand herbeizuführen. Sobald wir den freien Zufluß von Substanz durch eine begrenzende Bemerkung hindern, vereiteln wir den vollkommenen Ausdruck vom Überfluß der Substanz Gottes.

Was ist der größte Ausdruck, der alle Dinge herbeiführt? „ICH BIN ÜBERFLUSS". Diese Feststellung öffnet jeden Weg des Ausdrucks und schließt keinen zu. Sie erkennt die Gegenwart Gottes an und die bewußte Einheit des Selbstes mit der Quelle von allem Guten in allen Dingen. Ihr müßt einsehen, daß dies die Lehre Jesu' gewesen ist. Sie bedeutete allezeit Überfluß und nirgendwo eine Begrenzung.

„ICH BIN DAS WISSEN." — „ICH BIN HARMONIE." Die Anwendung dieser Worte belebt die Energie des Körpers.

Und daraus entsteht ein neues Gewahrwerden von Überfluß an Wissen und Harmonie.

Diese Energie wird bei freier Anwendung im täglichen Leben keineswegs vermindert.

Wenn aber einer Überfluß hat, müssen andere ihn auch haben. Wenn wir diese Auffassung vertreten, können wir erkennen, daß jemand ohne Überfluß niemand wohlhabend sein läßt. Wenn wir uns nicht für wohlhabend halten, so deshalb, weil wir uns von dem freiströmenden Überfluß entfernt haben und auf einem Idol des Mangels aufbauen.

Man hat uns glauben gemacht, daß wir nur ein Teil des Ganzen seien. Aber jeder einzelne ist verschmolzen mit dem Ganzen, weil nur Einheit zur Vollendung führt. Wäre jemand ausgeschlossen, dann könnte Einheit nicht vollständig sein. Sobald wir unsere Einheitlichkeit mit dem vollkommenen Zustand begreifen, merken wir, daß wir diesem auch nach außen hin Ausdruck geben müssen.

Die Verehrung Gottes mit ganzem Herzen und unserer ganzen Kraft befreit uns von Begrenzungszuständen. Keiner braucht sich abgesondert zu fühlen. Es ist möglich, in diesem Augenblick dieses Gefühl des Einsseins mit Gottes Überfluß zu verwirklichen. Die erste Bedingung dazu ist das Freiwerden von jedem Gedanken an eigene Mangelerscheinungen, die wir uns eingebildet haben. Es sind einige ganz bestimmte Schritte zu tun, wenn man das Selbst begrenzungsfrei machen will.

Es gibt keine Situation, die man nicht überwinden kann. Glück, Wohlstand und Überfluß gehören einem jeden an. Die größte Mauer dagegen bildet der Mangel an Erkenntnis in dieser Beziehung. Als der Pöbel gegen Jesus schrie, schenkte er ihm auch nur irgendwelche Beachtung? Wenn er Leute nach Dingen ausschauen sah, die ihnen zu gehören schienen, riet er ihnen, stillzuhalten und auf Gottes Errettung zu warten. Er ließ nicht nach, zu erklären, daß der Mensch Herr über die ganze Schöpfung sei. Er sagte: „Friede, sei still!" Und er lehrte seine Jünger „zu begreifen, daß man frei ist." Durch diese Feststellung hoben sie sich selbst aus den anscheinend niedrigen Lebenswegen zu wahrer Jüngerschaft heraus. Wenn Jesus einen Fischer unter die Jünger aufnahm, sah er da nur den Fischer in ihm? Nein, er sah ihn als seinen Jünger, als einen *Menschenfischer*. Er sagte: „Folge mir nach." Er lehrte sie, den Worten zu folgen, die ihn selbst zu dem gemacht hatten, was ER war. Alles vollzog sich in größter Demut, denn er machte klar, daß Selbstsucht nicht den Himmel gewinnen läßt.

Ein Überblick über die heutigen Zustände überall auf der Erde zeigt uns, daß scheinbare Zwietracht uns zu der Auffassung verleitet, anzunehmen, wir seien etwas anderes als unser Nachbar — und im großen Plan des Seins unvereinbare Individuen. Aber niemand kann aus diesem Plan ausgesondert werden und der Plan erfüllt und manifestiert sich immer weiter. Jeder einzelne ist ebenso notwendig zur Vervollkommnung des Planes, wie die Anzahl von Atomen in einem Molekül. Wenn wir durch unsere Aussage immer neu die Einheitlichkeit der Existenz bestätigen, wissen wir, daß wir niemals abgetrennt waren oder außerhalb der Einheit des Ganzen gestanden haben.

Jesus lehrte in einfachen Gleichnissen, daß der Sinn des Lebens nicht der Tod ist, sondern größerer Lebens-Ausdruck. Jeder einzelne ist eine Einheit im Prinzip des Ganzen, das sich in Harmonie auswirkt und in dem jeder einzelne seine eigenen Aufgaben hat, die ihm entsprechen. Aus diesem Grunde werdet ihr, wenn ihr den Lehren Jesu nachforscht, erkennen, daß er den Ausdruck „ICH BIN GOTT" für jeden einzelnen zur Anwendung empfahl. Es ist nicht ein Teil des Prinzips, sondern das Prinzip selbst.

Religiöse Doktrinen haben allzuoft größtes Gewicht auf die Theorie gelegt, anstatt auf die Praxis. Eine Wiederholung dieser Einstellung richtet unser Verständnis für die Wahrheit auf physische Dinge und wir verlieren die geistige Bedeutung. Wenn man Jesus nach der Antwort auf unser Gebet fragte, sagte er: der Grund für die Nicht-Beantwortung eines Gebetes sei ein falsches Beten. Ihr werdet finden, daß ihr gar keine Worte zu äußern braucht, wenn ihr fest auf einer definitiven

Erklärung beharrt. Sobald ihr innerlich einseht, daß Überfluß allezeit für euch vorhanden ist, wird er sich für euch offenbaren. Dann bedarf es keiner Aufforderung nach außen hin. Ihr seid in vollkommener Harmonie mit dem Prinzip. Sobald man an einen Zustand denkt, ist man eins damit. Ihr werdet sehen, daß ihr nie eine Bitte zu wiederholen braucht, wenn ihr fest bei einer Einstellung bleibt. Es ist vollendet, noch ehe ihr es in Wort gekleidet habt. Jesus sagte: „Noch während sie gefragt haben, habe ich gehört." Und er fuhr im gleichen Sinne weiter und sagte: „Ehe es gesagt worden ist, ist es getan."

Warum sollten wir um etwas bitten, was schon vollendet ist? Wie oft kann ein Umstand vollendet werden? Brauchen wir um etwas zu bitten, das uns schon gehört? Nein! Man kann dem Lebenslauf unserer größten Meister nachforschen und sehen, wie sie die Vollendung anerkannten. Tief im Unterbewußtsein war der Weg zur Vollendung bereits vorhanden. Frei von allen Zweifeln etwaiger Begrenzung waren sie imstande, dem Ausdruck zu geben, was schon existierte.

Durch vollkommene Ablehnung aller Teilung stehen wir fest als Prinzip. Wie könnten wir Mangel haben, wenn wir an die Stelle von Mangel Gott setzen? Das Prinzip ist harmonisch und bewegt sich nach definitiven Gesetzen, mit denen der Mensch beständig zusammenarbeiten muß.

Fragen und Antworten.

Frage: Sie sagen, wir sollen nie zum zweiten Mal um etwas bitten, wenn wir etwas wünschen.

Antwort: Das schließt immer Zweifel in sich. Wenn wir einfach weitergehen, stehen wir über dem Zweifel und sind ohne Furcht. Wenn es nicht schon be- bestehen würde, würden wir gar nicht daran denken.

Frage: Mit anderen Worten, sucht und wisset und macht euch ein mentales Bild des Vollendeten?

Antwort: Ja, absolut. Wenn wir um eine Lösung auf die göttliche Vernunft vertrauen, so öffnen wir alle Tore. Wenn wir uns selber aussenden, schließen wir alle Tore, die außer uns selber liegen. Man macht selbst Fehler, nicht die anderen.

Frage: Warum können wir nicht auch die Hand aus- strecken, wie es die Meister tun, um sie gefüllt zu sehen?

Antwort: Weil wir es nicht tun wollen. Es ist einzig des- halb, weil wir es nicht ernstnehmen. Streckt eure Hand aus und gebt Dank. Das ist die Tat des Elias. Es wird heute auf Millionen Arten getan.

Frage: In welcher Weise haben die Meister Ihnen bei Ihrem Werk geholfen?

Antwort: Ich kann sagen, daß ohne ihre Hilfe das Werk nicht einmal hätte angefangen werden können, ge- schweige denn weitergeführt. Wir waren nie ge- nötigt, uns an eine Organisation oder an jemanden außerhalb unserer Familie zu wenden. Ohne IHREN Beistand hätten wir nie weiterfahren können, auch wenn wir das Geld dazu gehabt hätten. Wir haben uns oft auf unsere Schlußfolgerungen verlassen, aber wir mußten jedes Mal zu IHREN Schlüssen zurückkehren, die auf IHRER Kenntnis der Chemie und der mechanischen Methoden beruhen, die aus früheren Zivilisationen übernommen worden sind.

Kapitel X

„Die Wahrheit soll euch frei machen"

Jesus sagte uns, die Wahrheit werde uns frei machen. Wenn jemand in diesem freifließenden Strom der universellen Macht steht, kann ihn nichts berühren und noch weniger behindern.

Christus ist Gott, der jedes Einzelwesen durchströmt. Wer in dieser Haltung feststeht, hat alles zu freier Verfügung und das Prinzip strömt vollständig durch ihn.

Warum ist diese Macht in so manchen von uns statisch, unbetätigt und unbeachtet geblieben? Nur wegen unserer eigenen Einstellung dazu. Die Gedanken-Einstellung von einem jeden einzelnen kann die Anwendung vollkommen aufheben, obschon sie uns immer mit universeller Kraft durchströmt. Wenn man sich dieser durchströmenden Kraft bewußt wird, kann man ihr auch bewußten Ausdruck geben.

Wenn Jesus die Feststellung traf, daß ER eins sei mit dem Vater, wußte ER, daß die ganze Menschheit sein könnte, wie ER war und ist. Die Wahrheit befreit uns von jedem Umstand, mit dem wir uns beschäftigen müssen. Wir selbst sind es, die negative Zustände herbeiführen und nur wir können uns frei machen, indem wir ein anderes Denken beginnen. Jesus beherrschte die Wissenschaft, dieser Freiheit Ausdruck zu geben. Er wußte, daß der Menschheit um so größere Errungenschaften gelingen würden; je mehr der einzelne die Wahrheit begreife.

Wir fangen eben erst an, unsere Möglichkeiten zu begreifen. In der ganzen wissenschaftlichen Welt zeigen sich Veränderungen. Die Gelehrten sehen ein, daß sie ihre Forschungen besser und rascher fördern können, wenn sie sich definitiv mit dem Prinzip verbinden. Diese Einstellung löst ihr Werk oft genug aus den Zuständen des Erprobens heraus.

Gottes-Verachtung ist Tod. Es gibt keinen anderen Tod als die Gottes-Verachtung. Jesus zeigte uns den Weg, wie wir uns Gott zuwenden können. „Verehrt Gott mit ganzem Herzen, mit ganzer Seele und ganzem Gemüte und eurer ganzen Kraft." In Selbsterniedrigung haben wir andere Dinge verehrt, stellten wir alle möglichen Idole auf und beteten sie an. Der Mensch muß Gott aus seinem Innern hervorbringen und auf diese Weise Gott der ganzen Welt zeigen.

Viele Leute haben uns gefragt, wo wir die Bestimmtheit für unsere Behauptungen hernehmen. Ihr könnt sie selbst finden, wenn ihr eine jüdische Bibel, oder ein Lexikon vornehmt und eure eigene Übersetzung daraus macht. Im ersten Kapitel der Genesis findet ihr die vollkommene Erzählung von Millionen von Jahren an Entwicklung. Wir finden, daß es große Epochen in der Menschheitsgeschichte gab. Durch Fälschung der ursprünglichen Lehren, wurde der Menschheit klargemacht, daß sie außerhalb des Gottes-Bereiches stehe und durch einen materiellen Zustand sich hindurcharbeiten müsse. Aber Gott hat nie den Menschen aus Seinem Bereiche ausgeschlossen. Der Mensch hat selbst die Illusion der sterblichen Existenz aufgebracht, in welcher Gott durch Gebet und durch Anerkennung religiöser Formalitäten gewonnen werden soll.

Welche Einstellung wir auch immer einnehmen wollen, wir können die Vollkommenheit nicht ändern! Sie steht über allem. Es hat für das Prinzip nichts zu bedeuten, welche Gestalt ihr durch euer Denken dem Körper geben mögt. Es ändert das Prinzip in keiner Weise, wenn ihr etwas aufbaut, was euch als unvollkommener Körper erscheint. Wir mögen alle Zweifel aufrechthalten, die wir aufrechtzuhalten wünschen, dennoch wird eines Tages die *Wahrheit* in uns eindringen. Wenn wir alle Zweifel fallenlassen, kommen wir zu der Vollkommenheit zurück, zu der wir gehören. Jesus sagte uns, wir seien unsere eigenen Erlöser. Wie könnte vollkommene Liebe je etwas verzeihen? Wie könnte ein vollkommenes Prinzip etwas vergeben? Nur wir selbst können uns die Abtrennung verzeihen.

Die heutige Menschheit steht im Begriff, den großen Christus-Orden anzuerkennen, — den Christus in jedem. Können wir nicht einsehen, daß wir uns dieser großen Lebens-Bedingung so gewahr würden, daß wir die Natur der ganzen Menschheit wandeln könnten, wenn wir uns ganz dem Christus-Prinzip zuwenden und die Attribute des Christus-Wesens offenbaren wollten? Wir stehen heute diesem Prinzip von Angesicht zu Angesicht gegenüber. Wenn wir es annehmen, werden wir wissen, wie man von uns weiß.

Diese große Periode, in der wir heute stehen, ist die Vollendung des Zyklus, in welchem der Christus wieder Herrscher wird. Der Christus ist immer der Sieger. Die ganze Bibel bringt diese Tatsache ans Licht und weist deutlich hin auf diese Zeit, da der Christus hervortritt; das heißt, die Zeit, in der ein jeder von uns den Christus repräsentiert.

Sobald wir dies annehmen, wird unser Körper zu einem Licht-Körper. Dann beginnen wir die Macht anzuwenden, die uns so lange unbewußt geblieben ist.

Wir sind durch das sogenannte „Goldene Zeitalter der Naturphilosophie" hindurchgegangen, das vor etwa 150 Jahren den Höhepunkt erreicht hatte. Wir sind der Wunder der Natur nun völlig gewahr, ebenso ihrem aufgestellten göttlichen Plan, und wir wissen, daß die Gottheit in jeder Einheit der Menschheit lebt, auch in jedem Baum, jeder Pflanze, jeder Blume, und in allem pflanzlichen Leben. Wenn auch die Mineralien ihr Leben haben, so standen sie dennoch früher unter einer völlig anderen Sphäre des Existenz-Einflusses.

Wenn einmal die ganze Menschheit alle aktiven Kontrollen der Verstandes-Funktion anzuwenden weiß, wird sie finden, daß im Verstand alle Kontrollfähigkeiten liegen, jedes Atom und jeden Planeten zu erschaffen und zur Existenz zu bringen. Dann erschafft alle Substanz weitere Substanz zum Leben. Dieser Faktor ist die erhabene Intelligenz oder Gottes-Intelligenz, welche über allen Dingen und durch alle Dinge sich bewegt und der Erschaffer aller Dinge ist. Der Mensch hat ewig in dieser Gottes-Vernunft gewohnt und ist tatsächlich der Herrscher und Erschaffer aller Dinge; aber wenn man sich entfernt von diesem großen edlen Plan, dann kann dieses Denken einen Käfer oder einen Wurm hervorbringen, oder etwas Lästerliches, das in der Welt umgeht und die Menschheit quält und sich selbst, oder einen Teil der Menschen vernichtet. Aber wenn auch Millionen ihr Denken verkehrt anwenden, können diese Gedanken keineswegs den ganzen Plan beeinflussen. Sie können scheinbar einen großen Teil der Menschheit beeinflussen, aber das volle Gleichgewicht Gottes erhält alles in seiner ganzen Richtigkeit und in unfehlbarer Übereinstimmung mit dem ursprünglichen Plan, so daß kein einziges Atom von seinem Platz verdrängt wird.

Ist es denn so schwer, zu begreifen, daß alles aus einer einzigen Zelle hervorgeht, als derjenige Schwerpunkt der unendlichen Intelligenz, nämlich, daß diese unendliche Göttlichkeit über allem steht und durch alle Dinge hindurch herrscht?

Diese unendliche Intelligenz hat schon geherrscht, bevor das Universum in Erscheinung zu treten begann. Darum laßt uns diese große Intelligenz als die eine und einzige Ursache unser selbst als solche verehren. So werden wir allmählich ein klares Verständnis für diese und alle anderen Dinge gewinnen.

Ohne dieses Festhalten an der absoluten Wahrheit als Tatsache werden wir immer den wichtigsten Ausgangspunkt unserer ganzen Existenz missen. Durch die Wahl des göttlichen Emanations-Prinzips wurde der Christus geboren, der gleichbedeutend mit der ganzen Menschenrasse ist, — der wahre Christus in jeder Form. Dies ist die unbefleckte, die wahre Empfängnis, die Maria voraussah, die wahre Empfängnis für jedes Kind, das geboren wird. Der wahre Christus ist auf der ganzen Erde verbreitet. Darum ist die ganze Menschheit ewig und unsterblich, das wahre Gott-Wesen.

Betrachtet die Wunder der Schöpfung, der Geburt. Geht 800 Millionen Jahre zurück, wenn ihr wollt; ihr werdet das Gottes-Prinzip finden, den Christus in einem jeden Individuum der Menschheit, in jedem einzelnen herrschend. Verfolge die Spur bis zum heutigen Tage und du wirst das Prinzip genauso dominierend, so berechtigt finden, wie es in jenen Zeitaltern war. Es hat nichts zu bedeuten, daß die Menschheit es durch ihr unwissendes, negatives oder moralisches Denken überdeckt hat. Sobald man einen Strahl dieser all-enthaltenen und all-erhaltenden Wahrheit entdeckt hat, öffnet sich alles Denken diesem wohltuenden Einfluß.

Denn es ist genau dieser Einfluß, der das hohe Gewicht des Sauerstoffs gerade so dicht über die Erde gelegt hat, daß er eine schützende Hülle bildet, die die lebenschenkenden Strahlen der Sonne filtriert und genausoviel durchstrahlen läßt, daß das Leben auf unserem Planeten erhalten bleibt. Sobald die Menschheit diese große wohltätige Wirkung anerkennen und einsehen wird, was sie für jeden einzelnen bedeutet, wird das Christus-Prinzip wieder in die ganze Menschheit eindringen, und jeder wird das eine und erhabene Gottes-Intelligenz-Prinzip begreifen, das gerecht, weise und absolut herrscht. Es werden keine falschen Götter oder Bildnisse mehr aufgerichtet werden.

Diese vollständige Wahrheit, diese Einheitlichkeit des Zweckes weicht nie einem Sturm oder einem Gefühlsausbruch aus. Sie steht fest in jedem Sturm. Diese große Ruhe ist nicht erkünstelt, denn sobald wir unser Denken unter ihren Einfluß stellen und sie einfach unser ganzes Wesen durchdringen lassen, werden unsere Gedanken durch ihren heiligen Einfluß so erfüllt, daß wir bald einsehen, daß unser Verstand wirklich wieder in seiner Heimat ist. Dann sind wir eins und das einzige Instrument, das wirklich Zeit und Raum völlig überdauert hat. Wir sind aufs neue angelangt im schönen Garten des göttlichen Intelligenz-Prinzips, daheim, gerade hier auf der Erde, wo die Schönheiten aller Himmel tatsächlich existieren und immer existiert haben. Das wunderbare Paradies Gottes inwendig in jeder Form.

Geht direkt in euer Inneres, um Gott zu finden, der die höchste Intelligenz ist. Wenn ihr das mit ganzem Herzen tut und wißt, daß Gott wirklich euer ganzes Wesen ist, so findet ihr jede Antwort. Ihr werdet immer gegenwärtig sein, gleichmäßig, allwissend. Ihr werdet spüren, daß ihr ganz zu Hause seid; ihr werdet auch erkennen, daß ihr alle Dinge seid, alle Dinge kennt und imstande seid, alle Dinge zu geben; daß ihr ganz Wahrheit seid. Es ist gut, zu wissen, daß jedes Individuum euch gleich ist, und ein Anrecht auf die gleichen Rechte hat, wie ihr es habt.

Wenn ihr diesen Gedanken zum Durchbruch gebracht habt und wißt, daß ihr alle Widerstände besiegt habt, könnt ihr gehen, wohin ihr wollt, tun, was ihr wollt und im Namen Gottes an jedes Ding herantreten und ihr werdet bei eurem Denken an andere kein Hindernis mehr feststellen.

Die einzige Zeit, die beansprucht wird, damit diese Wandlung vor sich gehen kann, ist die Zeit, die ihr dafür gebt; gebt einen Augenblick dafür und es ist getan. Freut euch über Gott, euer wahres Selbst, frei von jeder Begrenzung; und ruft euch ins Gedächtnis zurück, daß jeder Augenblick eine Ewigkeit ist.

„Ich danke Dir, Gott, für den Überfluß an Leben und Licht, voll und frei; für vollkommenen Wohlstand, Gesundheit, Kraft, und unbegrenzte Freiheit."

Wenn ihr dieses Gebet aussprecht, so denkt immer daran, eure Gedanken auf den vollständigen und vollkommenen Körper-Tempel zu richten und zu wissen, daß diese körperliche Form, die ihr vor euch seht, Gott ist. Wenn ihr euren Körper schaut, schaut ihr auf den vollkommenen und vollständigen Gottes-Tempel.

Euer Körper war der allererste Tempel, der Gestalt erhielt, darum ist er der erste und reinste Tempel, darin Gott wohnen kann. Warum also nicht diesen vollkommenen Gott-Tempel lieben und hochhalten, ihn lieben und hochachten als Gottes-Tempel, vollendet und vollständig? In der Tat müssen wir dieses Gottes-Tempels stets absolut gewahr sein, ihn lieben, dankend und anerkennend in wahrer Verehrung.

Es gab niemals einen Tempel, wie diesen Tempel des lebendigen Gottes. Kein Tempel von Händen gemacht, kann in irgendeiner Weise diesem Körper-Tempel gleichkommen. Es gibt Bilder und Formen, die durch Gedanken erschaffen, gebaut oder in Form gebracht wurden. Aber sie sind alle weit davon entfernt, auch nur eine einzige Funktion dieses schönen Körper-Tempels auszuführen. Es gibt auf der ganzen Welt kein Laboratorium, das zu leisten imstande ist, was dieses Körper-Laboratorium leistet, ohne einen Gedanken an den Prozeß Nahrung aufzunehmen und sie in Leben umzuwandeln oder auch nur einen Muskel zu strecken, oder eine lebende Form hervorzubringen, eine Rasse weiterzuführen oder gar zu denken, zu handeln, zu reden, zu begreifen, was Gegenwart, Vergangenheit oder Zukunft ist. Die Fähigkeit zu erbauen, vorzutreten und zu lehren, Errungenschaften zu belohnen, Nachkommen zu unterstützen, dem Ausdruck zu geben, was gut ist, edel, ehrenhaft und großartig.

Und denkt weiter. Gibt es einen anderen als diesen Körper-Tempel, aus dem alle diese Tugenden hervortreten können, wenn er nicht aus diesem großen glorreichen Körper-Tempel begabt wäre. Der erste und einzige Tempel, nicht von Menschenhänden gemacht. Ist es ein Wunder, daß Gott sich entschlossen hat, in diesem glorreichen Körper Wohnung zu behalten und daheim zu sein? In dieser göttlichen Form, diesem Gott-Tempel-Körper, der sich selbst vollkommen erneuert?

Laßt uns einmal Ausschau halten und sehen, wieso und warum dieser Körper so erniedrigt worden ist. Es ist uns von gotteslästerlichen, verräterischen, eigennützigen Leuten, die kaum eine Ahnung von der eigentlichen Wahrheit haben, gelehrt worden, daß der Körper schwach, sündig, unvollkommen, minderwertig, anomal sei — Krankheiten, dem Verfall und dem Tod unterworfen sei. Alles das sei erzeugt in Sünde

und geboren in Sünde, und wie die anderen Sinn- und Rede-
wendungen eines Menschen der Unmoral noch alle lauten mögen,
   Schauen wir zuerst in die Vergangenheit und sehen und be-
greifen wir, wie und wo diese Lehren, Gedanken und Worte
uns langsam hineingezogen haben in diesen schrecklichen
Strudel und Sumpf von Sünde, Zweideutigkeit, Krankheit,
Mißerfolg und zuletzt in die allergrößte Unehre, — den Tod.
Laßt uns mit klarem Blick die Resultate dieser verächtlichen
Gemeinheit erkennen und sehen, bis wohin sie uns gebracht
hat, nämlich bis zur Schändung dieser vollkommenen Gottes-
Körperform.

Und dann, von dem Augenblick an laßt uns wahrhaftig
verzeihen, vergessen und es aus unserem Leben, aus unserem
Denken, Handeln und unserer ganzen Lebenserfahrung aus-
schalten. Nochmals, — laßt uns so lange vergeben und vergessen, bis jede Spur dieses Erlebnisses vollständig aus unseren
unterbewußten Gedanken ausgelöscht ist. Gerade in unseren
unterbewußten Gedanken-Prozessen ist es, wo es sich durch
Repetition wie auf einer Photographie eingeprägt hat, durch
Schwingungs-Einflüsse hat man, wie von einer Grammo-
phon-Platte aus, diese Gedankenform immer und immer wieder ertönen lassen, so lange, bis wir daran glaubten.

Eure Photographie, oder die eines eurer Freunde oder Bekannten ist nur ein Dokument der Vibration der betreffenden
Körperform. Auf diese gleiche Weise werden auch Gedanken-
oder Redeformen im Unterbewußtsein aufgezeichnet, und es
ist imstande, sie euch zu wiederholen. Dann laßt uns nachden-
ken, wie wir uns selbst dazu erzogen haben, diese erniedrigen-
den Unwahrheiten anzunehmen, zu glauben und zu verehren.

Dann laßt uns einen Augenblick lang denken oder annehmen, daß uns diese unwahren Worte niemals gelehrt worden
und daß sie nie in unserem Wortschatz aufgenommen worden
seien. Wir dürfen sie nie gekannt, oder aufgenommen oder er-
lernt, geglaubt oder verehrt haben. Wenn wir imstande sind,
sie zu erlernen und zu glauben, sind wir noch viel besser in
der Lage, umzulernen, zu fordern, daß sie uns verlassen — jedes

Mal, wenn sie auftauchen oder aus dem Unterbewußtsein sich wiederholen. Sagt nur zu ihnen: „Man hat euch vollständig verziehen. Nun laßt mich vollkommen in Ruhe!" Und sagt zu eurem Unterbewußtsein: „Löscht alles dies aus, behaltet kein Andenken daran; nur das ist Wahrheit, was ich dir sage."

Wie könnt ihr Jugend, Schönheit, Lauterkeit, Göttlichkeit, Vollkommenheit und Überfluß ausdrücken, ehe ihr sie seht, hört und kennt im Denken, Reden, Handeln, anerkennen könnt, indem ihr dafür den Ausdruck findet, ja, indem ihr dies alles selbst lebt? Wenn man das tut, macht ihr es fest im unterbewußten Denken. Dieses unterbewußte Denken bringt diese Gedanken aus den Bildern zu euch zurück, die ihr ihm durch die Vibration aufgeprägt habt, die ihr dabei erweckt oder angewendet habt. Je mehr man dem Unterbewußtsein in Liebe und Verehrung Wahrheit beibringt, um so mehr wird es euch diese zurücksenden. Hier ist es, wo ihr der Herr seid. Denn indem ihr Unwahrheiten vergebt und sie fallenlaßt, werdet ihr spüren, daß ihr über sie Herr geworden seid. Ihr steht über ihnen; sie sind vergeben und vergessen.

Ihr werdet finden, daß das Unterbewußtsein eures Körpers das absolute Wahrheits-Bild zurückbringt, wenn ihr zu ihm sprecht, wenn ihr wißt, daß ihr die absolute Wahrheit sagt! Denn wenn das, was ihr zu eurem Körper sagt, nicht wahr wäre, würdet ihr keinen Körper haben, nicht imstande sein, zu denken, zu handeln, euch zu bewegen, zu reden, zu fühlen, zu sehen, zu hören, zu atmen, zu lieben.

Denn das größte Vorrecht auf der Welt ist es, zu wissen, daß alle gleich sind, die gleiche Kraft besitzen, wie ihr selbst, und daß diese Kraft nie verlorengegangen ist. Sie mögen, genau wie ihr, das Denken über diese Kraft verfälscht haben, aber diese unrichtigen Gedanken haben die Kraft keineswegs verändert oder vermindert.

Sobald wir zu richtigen Gedanken, Worten und Handlungen übergehen, finden wir, daß die große Kraft uns durchströmt, und wir spüren sogleich die Glorie der Antwort.

Die Kraft, dies vollständig zu tun, ist euer eigenstes Eigentum. Ihr habt der Begrenzung Herrschaft über eure Gedanken eingeräumt. Zerbrecht einfach die Hülle, der ihr erlaubt habt, euch gefangenzuhalten, und ihr seid die Freiheit selbst.

„Kennt die Wahrheit und die Wahrheit wird euch frei machen!"

Fragen und Antworten.

Frage: Ist es wahr, daß Sie persönlich in Indien gewesen sind und diese Dinge körperlich erlebt haben, wie es in den Büchern steht, die Sie geschrieben haben?

Antwort: Wir sind nie, in keiner Weise imstande gewesen, in einem astralen Zustand zu reisen, und haben nie eine andere Methode angewendet, als die physische, wie wir sie heute kennen. Es waren tatsächlich physische Erlebnisse.

Frage: Wenn Sie gewußt haben, daß man Jesus überall antreffen könne, weshalb sind Sie nach Indien gegangen, um diese Wahrheiten herauszufinden?

Antwort: Wir gingen nicht zu diesem Zweck nach Indien.

Frage: Haben Sie persönlich niemals Ihren physischen oder astralen Körper transportiert?

Antwort: Ich weiß nichts vom astralen Körper. Unser physischer Körper wurde oft transportiert. Wir haben nie herausgefunden, wie es zustande kam, aber die Tatsache, daß es geschah, ist Beweis dafür, daß es möglich ist. Es handelt sich nur darum, den richtigen Ausgangspunkt zu haben.

Frage: Schränkt ein Mangel an Vergeben die Macht unserer Liebe ein?

Antwort: Es gibt keinen Mangel an Liebe, an Vergeben oder an Prinzip. Man kann davon Gebrauch machen nach jeder Richtung hin und für alle Umstände. Laßt einen solchen Gedanken fallen und geht zurück zum Prinzip. Sobald man vergeben hat, ist man sogleich beim Prinzip selbst.

Kapitel XI

Menschen, die mit den Meistern gingen

Ich denke, manche von euch haben Samen ausgesät oder Pflanzen eingesetzt, haben sie geliebt und ihr Wachstum beobachtet. Pflanzen sind schnell bereit zu antworten. Luther Burbank entließ nie eine Pflanze aus seinem Garten, ehe sie nicht auf seine Stimme antwortete. George Washington Carver machte es genauso. Ich arbeitete zusammen mit George Washinton Carver und ich kannte Luther Burbank seit der Zeit, als er sechs Jahre alt war.

Luther Burbank sagte, was seine Mutter und seinen Vater immer beunruhigte: Jesus arbeite mit ihm.

An einem Sonntagnachmittag ging er mit seinem Vater weg, um einen Nachbarn zu besuchen. Sie machten eine Abkürzung durch die Felder und gingen durch einen Kartoffelacker. Wie es Kinder tun, lief der kleine Luther Burbank voraus. Es war die Zeit, in der die Kartoffeln zu blühen beginnen. Eine Staude stand ein wenig höher als die anderen, und Luther stand still davor, um sie zu betrachten. Sein Vater sagte, daß die Pflanze sich hin und her bewegt habe, als er hinzukam; und der Knabe sagte zu ihm: „Vater, sie spricht zu mir!" „Ach", sagte sein Vater zu meinem Vater, „ich dachte, der Junge sei irre, und ich trieb ihn zur Eile an, daß wir zum Nachbarn kämen". Während der ganzen Zeit, da sie dort waren, wollte Luther zurückkehren, und schließlich, um halb vier, machten sie sich auf den Heimweg. Sie gingen über das gleiche Kartoffelfeld zurück. Der Junge lief voraus und sogleich hin zu der Pflanze. Eine große Stille lag über dem Feld. Kein Blatt bewegte sich. Als .der Vater hinzukam, wo der Junge schon stand, bewegte sich der Samenknollen aufs neue hin und her. Und Luther sagte: „Papa, ich möchte hier bleiben. Jesus spricht zu mir und sagt mir, was ich zu tun habe." Der Vater nahm ihn mit nach Hause, hieß ihn, seine Arbeiten zu tun, und schickte ihn dann ins Bett. Nach kurzer Zeit sah er ihn, sich zum Haus hinausstehlen. Er wurde dreimal in jener Nacht zurück ins Bett geschickt. Es wurde elf Uhr und die Eltern dachten, nun sei er für die Nacht eingeschlafen.

Am anderen Morgen fehlte Luther. Der Vater ging hinaus in das Feld, und dort fand er den Jungen so nah wie möglich an den Kartoffelhügel gepreßt, aber tief schlafend. Und als er geweckt worden war, sagte er: „Jesus hat die ganze Nacht zu mir gesprochen und hat gesagt, wenn ich die kleine Knolle bewache, bis sie reif ist und sie aufbewahre und im nächsten Frühjahr einpflanze, und wenn sie aufwachse, werde eine Kartoffel da sein, die mich berühmt mache" —, und das ist genau das, was auch geschah.

Luther Burbank pflegte zu sagen: „Oh, ich gehe und ich wählte eine sogenannte „Brickly Pear" aus, und setzte sie in ein Glasgefäß, in dem sie geschützt war. Während fünfeinhalb Monaten saß er jeden Tag eine Stunde lang davor und sprach etwa folgendes zu der stachligen Pflanze: „Du bist jetzt beschützt, du brauchst keine Stacheln mehr, laß sie fallen." Nach siebeneinhalb Monaten waren die Stacheln abgefallen. Er hatte den stachellosen Kaktus geschaffen.

Luther Burbank pflegte zu sagen: „Oh, ich gehe und ich reise mit Jesus und Er mit mir. Er lehrt mich. Er sagt mir, was ich tun soll."

F. L. Rawson war ein Bruder von Sir Rawson-Rawson, einer der größten Ingenieure in England. Die Daily Mail berief ihn, die Christian Science zu erforschen, und er tat ein so hervorragendes Werk, daß jedermann erstaunt war. Seine ersten Worte waren: „In Gottes vollkommener Welt ist nichts als Gott. Der Mensch ist das Bild, die Ähnlichkeit, welche die Ideen Gottes auf seine Mitmenschen überträgt, in vollkommener Regelmäßigkeit und Leichtigkeit."

Eines Tages, als ich Mr. Rawson in London besuchte, standen wir am Fenster und schauten auf die Straße hinab. Vor Jahren benutzte man dort zweirädrige Karren, vor die ein Pferd gespannt war. Auf der anderen Straßenseite wurde ein Bauwerk errichtet und ein Pferd mit einem zweirädrigen Karren kam die Straße hinab, hielt an und bäumte sich auf. Der Fuhrmann fiel in den Karren zurück und plötzlich, ehe das Auge sehen konnte, was geschah, fiel der ganze Karren um und alle Steine direkt auf ihn. F. L. Rawson bemerkte: „Es ist nichts, außer Gott!" Der Mann schien direkt unter den Trümmern hervorzukommen und kein Kratzer war an ihm zu sehen. Aber noch etwas anderes von gleicher Art geschah. Das Pferd sollte etwas tun, was ihm nicht behagte, und der Fahrer begann es zu schlagen. Alles, was Mr. Rawson tat, war, auf die Scheibe zu schlagen, um die Aufmerksamkeit des Fuhrmannes zu wecken. Unverzüglich kam das Pferd quer über die Straße und stieß mit seiner Nase an das Fenster.

F. L. Rawson hatte hundert Soldaten im ersten Weltkrieg zu führen. Er kam zurück mit allen. Keiner hatte die geringste Verwundung, obwohl sie durch einige der gefährlichsten Situationen gegangen waren. Er stand absolut bei seiner Behauptung: „NICHTS ist außer GOTT!"

Man kann das fortsetzen und mit Sicherheit voraussagen, was jeweils geschieht, wenn man einer jeden Sache gegenüber die richtige Einstellung einnimmt. Wir wissen, wenn wir uns abseits stellen und bei irgendeiner Gelegenheit sagen, es sei unmöglich, daß wenig später jemand kommt und das „Unmögliche" nach kurzer Zeit fertigbringt. Dies ist praktisch mit einer jeden Sache so gewesen.

Alexander Graham Bell war ein gutes Beispiel. Unsere Familie kannte ihn gut. Er lebte in Jamestown, New York. Er ging sechzig Meilen weit von Jamestown nach Buffalo, New York, um meinen Vater und dessen Brüder zu treffen, die in Buffalo zu jener Zeit kleinere Bankiers waren. Er bat sie um 2000 Dollar, damit er in Boston die technische Schule besuchen könne. Er wollte sein Instrumentarium vervollkommnen und es im Jahre 1876 in den „Centennial-Grounds" in Philadelphia zum Einsatz bringen. Als die Direktoren der Bank von den Anleihen hörten, kamen sie zu meinem Vater und den Brüdern und baten um ihre Entlassung. Sie waren ganz sicher, daß Bell sein Telephon nie vollenden könne. Aber — Telephonzellen wurden auf dem Centennial-Gelände aufgestellt, man konnte eine Münze zahlen, in die Zelle hineingehen und Freunde in der anderen Zelle anrufen und mit ihnen sprechen. Und diese kleine Sache erweckte ein solches Interesse, daß es mehr Geld einbrachte, als irgend etwas anderes, was ausgestellt wurde, bei dieser Jahrhundertfeier. Ihr seht, wir verschließen Gedanken, und wir verlieren dabei das Segensreiche, das in ihnen steckt.

Alexander Graham Bell war wirklich ein wundervoller Charakter. Der Grund dafür, daß er nie Geld hatte, lag darin, daß er immer den Blinden half. Er gab sein letztes Geld dafür aus, den Blinden zu helfen.

Dr. Norwood pflegte seiner kleinen Gemeinde zu sagen, er gehe zu den Bäumen hinter der Kirche, und dort komme Jesus zu ihm, und sie gingen miteinander hin und her.

Dr. Norwood hatte eine kleine Kirche oben in Nova Scotia, an einen kleinen Ort, wo nur neunundzwanzig Fischer mit ihren Familien im Dorfe wohnten. Irgendwie hörte man davon, und wir gingen hin mit der Idee, Photographien zu machen. Wir nahmen die Bilder mit einer Bell-&-Howell-Kamera mit gewöhnlichen Linsen auf und wir besitzen diese Bilder heute noch.

Einige Zeit nachher wurde Dr. Norwood an die Sankt-Bartholomäus-Kirche in New York berufen und nach weniger als fünf Monaten war diese Kirche so überfüllt, daß man außerhalb Lautsprecher aufstellen mußte, damit ihn alle hören konnten, die dies wollten.

Während einer Weihnachtszeit, in der Stunde, da man Heilungen vornahm, wurde Jesus gesehen, wie er hinter dem Altar hervortrat und geradewegs durch den Mittelgang der Kirche schritt. Ich habe mit mehr als 500 Leuten gesprochen, die dort versammelt gewesen sind und es gesehen haben. Der Gruß von Jesus sei gewesen: „Bereitet euch vor, Liebe über das ganze Universum auszusenden."

Die Chelas in Indien haben ein sehr schönes Gebet, und ihr werdet sehen, daß es keine Bitte enthält:

„Ich beginne diesen Tag, und alle Dinge sind völlig in Gott getaucht, in Gott und in seinen Überfluß. Der siegreiche Christus tritt hervor mit dem Überfluß Gottes, in jeder Betätigung des Tages. Ich weiß, daß ich Gottes erhabenes Kind bin. Jede Bewegung des Heute ist erfüllt von Gott und von Gottes heiliger Liebe. Gott! Gott! Gott! Die große Flamme der Liebe strömt durch jedes Atom meines ganzen Wesens. Ich bin die lautere goldene Flamme Gottes. Ich durchflute mit dieser heiligen Flamme meinen physischen Körper. Der siegreiche Christus grüßt Dich, Gott, mein Vater, Friede! Friede! Friede! Der große Friede Gottes steht erhaben!"

Kapitel XII

Credo

„Das Ziel ist Gott. Du kannst den Tag mit Gott beginnen, indem du den ersten Gedanken an Gott hineinnimmst in deine Gestalt. Laßt mich sagen, daß das Endziel festgesetzt ist und allezeit festgesetzt war. Ihr seid göttlich, das göttliche Bild, Gott, der Christus Gottes, Gott-Männer, Gott-Frauen.

„Laßt mich weiter sagen, daß es nichts und niemanden gibt, der euch dazu zwingt, an diese Dinge zu denken. Es muß eine freie Gabe an euer Gott-Selbst sein:

„Gott, ich bin eins mit dem universellen Leben, mit der universellen Macht. Diese Kraft hat ihren Mittelpunkt in meiner Natur und erfüllt mich so positiv mit Gottes vollkommener Energie, daß ich sie aussende, daß sich alles zu jeder Form hin wandeln kann: zu Harmonie und Vollkommenheit. Ich weiß, alles ist in Übereinstimmung mit unendlichem Leben und Gottes Freiheit und Frieden.

„Mein Gemüt steht in vollkommener Übereinstimmung mit unendlicher, intelligenter Weisheit. Jede Eigenschaft meines ganzen Körpers findet durch meinen Verstand freien Ausdruck und die ganze Menschheit drückt dasselbe aus.

„Mein Herz ist zum Überfließen von Frieden, Liebe und Freude über den siegreichen Christus voll. Ich sehe den siegreichen Christus in jedem Angesicht. Mein Herz ist stark in der Liebe Gottes und ich weiß, daß sie die Herzen der ganzen

Menschheit erfüllt. Gottes Leben erfüllt meinen Blutstrom mit reichem Leben und meinen Körper mit der Reinheit des göttlichen Lebens.

„Gott ist alles Leben. Ich werde bei jedem Atemzug mit Leben erfüllt, meine Lungen saugen mit jedem Atemzug Leben ein und mein Blutstrom wird voll Leben.

„Gott, mein Magen ist die verdauende Energie des intelligenten und allmächtigen Lebens. Jedes Organ meines Körpers ist von Gesundheit und Harmonie durchdrungen und der ganze Organismus wirkt in vollkommener Harmonie zusammen.

„Ich weiß, daß alle meine Organe von Gottes Intelligenz durchdrungen sind. Sie sind sich alle ihrer Pflichten bewußt und wirken zusammen für die Gesundheit und Harmonie meines ganzen Wesens.

„Gott, ich bin die Energie, die den ganzen Raum erfüllt. Ich entnehme fortwährend diese Energie dem alles durchdringenden Gottes-Leben. Ich weiß, daß Gott die allweise und liebende Intelligenz ist, die mir das mächtige Gottes-Leben schenkt, und ich fühle die völlige Herrschaft Gottes, die innewohnende Gegenwart in meiner ganzen Körper-Gestalt.

„Ich lobe Gott in mir für die heilsame Vollkommenheit des Lebens. Alles ist Leben, und ich gestatte dem All-Leben, daß es durch mich zum Ausdruck kommt.

„Der siegreiche Christus sagt ‚Meine Worte sind Geist und sie sind Leben' und ‚wenn ein Mensch meine Worte befolgt, wird er den Tod nie sehen'.“

„Der intelligente Christus, der siegreiche Christus sendet seinen Überfluß an Liebe über das ganze Universum aus.“

„Erhabene Vernunft ist alles. Ich bin erhabene Vernunft. Ich bin erhabene Weisheit, Liebe und Kraft. Aus tiefstem Herzen rufe ich meinen freudigen Dank aus: ICH BIN diese erhabene und unerschöpfliche Weisheit und ich verlange, daß ich sie hineinziehe in mich und vollkommen bewußt werde dieser einen unvergänglichen Weisheit.

„Erinnere dich, daß GEDANKEN UND GESPROCHENE WORTE DINGE SIND.

„Rufe diese frohe Botschaft aus, daß du frei bist, völlig frei von jedem begrenzenden Umstand. Und WISSE, daß du frei bist und gehe voran, triumphierend in dieser Freiheit.

„ICH BIN WIEDERGEBOREN IN DIE VOLLKOMMENE MACHT GOTTES. GOTT, ICH BIN."

„Laßt uns unter allen Menschen vorangehen in der vollkommenen Erkenntnis, daß wir existieren, um das freudige Licht der Liebe jeder Seele mitzuteilen. Dies ist in der Tat das größte Vorrecht. Denn wenn wir diese unbegrenzte Liebe Gottes hineinstrahlen in jede Seele, erzittert unsere Seele vor dem Heiligen Geist, und wir spüren die Liebe Gottes für die ganze Menschheit. Das zu fühlen und zu wissen, bedeutet den siegreichen Christus in der ganzen Menschheit zu erkennen. Das erfüllt uns mit heilender Kraft und Weisheit, wie sie Jesus besessen hat."

Nachwort des Verlegers

Bei seinen Vorträgen während seiner beiden letzten Lebensjahre erwähnte Baird Spalding oft die Verse einer Dichtung von John Gillespie Magee Jr., eines Piloten der Royal Canadian Air Force, der über England am 11. Dezember 1941 im Alter von 19 Jahren abgeschossen wurde.

Kurz vor seinem Tode sandte John Magee seiner Mutter das Gedicht „Hoher Flug", das bald der ganzen Welt bekannt wurde und auch heute noch als eines der größten Gedichte betrachtet wird, das im zweiten Weltkrieg entstand.

Weil es Baird Spaldings Lieblingsgedicht gewesen ist, fügen wir es zum Abschluß dieses seines letzten Buches hier an:

Hoher Flug

Oh, ich bin über die sicheren Bande
der Erde hinübergeglitten,
und bin auf silber-lachenden Flügeln
in den Himmel getanzt.
Der Sonne entgegen stieg ich empor
und gesellte mich zu der wirbelnden Freude
der von Sonne zerissenen Wolken —
und tat hundert Dinge,
von denen du nie geträumt hast. —
Ich rollte und schwebte und schwang
hoch oben in sonnen-erleuchteter Stille.
Schwankend jagte ich dem heulenden Winde nach
und schleuderte mein eifriges Flugzeug
durch bodenlose Hallen von Luft ...
Hinauf, hinauf in das lange,
wahnsinnige, brennende Blau
habe ich mit leichter Grazie
die wind-gepeitschten Höhen überflogen,
wo nie die Lerche, nicht einmal der Adler flog. —
Und wenn mit schweigender, erhobener Seele
die hohe, nie betretene Heiligkeit
des Raumes ich durchflog,
streckte ich die Hand aus
und berührte das Antlitz Gottes.